中国梦

创业家们的激荡三十九年

周文强 著

华夏出版社
HUAXIA PUBLISHING HOUSE

目录

前 言 / I

第一章 打破一个旧世界	敢于筑梦 /2
	突破固有思维 /6
	供给侧改革与中国创造 /13
	放眼全球 /16

第二章 建设一个新世界	小米:互联网思维 /22
	海尔:传统企业转型升级 /28
	华为:中国创造 /33
	滴滴出行:共享经济 /38

第三章
流的水是活水,走的路是活路

打破枷锁,解放思想 /46

让池塘的水流动起来 /51

杀出一条血路 /57

第一次吃螃蟹的人 /61

野蛮生长 /66

第四章
群星闪耀

淘金时代 /76

与危机同行 /80

多数派报告 /87

天才的乐园 /93

"92派" /101

第五章
曲折与经验

阴影 /106

"国退民进" /113

浮躁的股市 /118

原罪 /123

营销风波 /127

战略抉择 /132

第六章
走向世界

全球化序幕 /140

与世界接轨 /147

国企强势重组 /155

中国制造与世界工厂 /160

走出国门看世界 /164

陆家嘴：耸立的华尔街 /169

第二代企业家 /173

第七章
从试错到卓越

奥运见证中国 /182

寒冬来袭 /191

云计算 /197

新时代 /202

商业模式创新 /211

接班 /218

后 记 /229

前言：我的"中国梦"

2012年11月29日，当我第一次听到"中国梦"三个字的时候，我觉得这个梦与我没有关系，可能这也是当时很多中国人的想法。后来很长一段时间，当我每天穿梭在全中国各大城市做巡回演讲，在机场、高铁站，每天都能看到"中国梦"的海报，我还是感觉跟我没有关系。但是每天都看，每天都看，就让我忍不住想去看看到底什么是中国梦，为此，我特意上网查了一下习主席的讲话资料，我才终于了解什么是"中国梦"。国家富强、人民幸福，实现我们中华伟大民族复兴，这就是"中国梦"。从此之后，当我再听到"中国梦"这个词的时候，我觉得它跟我是有关系的，因为我是一个中国人，我们都渴望中国能够崛起，能成为世界的领袖。

2014年，我首次在我的课程里面加进了"中国梦"的主题演说。我记得第一次讲到它的时候，现场所有人几乎是自动起立鼓掌！当时，我觉得"中国梦"能够让整个演讲的气氛激情澎湃，能够激励很多民营企业家。

最初，我在课程中讲"中国梦"，只是觉得它跟我有关系，只是觉得它能让更多的中国人找到共鸣，但是并没有想到自己能为"中国梦"真正做点什么。当我在台上从2014年讲到2016年的时候，我发现我讲了整整两年的"中国梦"，我几乎每天都讲"中国梦"，有时候，一天甚至要讲两场以上，后来，"中国梦"就真的成为我的梦。

  我上台演讲的初心，仅仅是为了能够让我的父母过上好生活，让我的家族崛起。但是后来我发现，我讲课已经不再是为了我自己，当我实现了财务自由以后，我觉得我做这件事情不再是为了自己，而是为了我的员工。我有几百个兄弟员工，他们在我一无所有的时候追随我、相信我，跟我一起奋斗。我们公司上班时间很长，所有的员工都是自动加班，或者说我们没有规定什么时间上班，什么时间下班，全是自动自发，经常是加班到凌晨两三点钟……当我每次站上讲台，我都是为了他们而讲。当我的员工实现自己的梦想之后，我猛然发现，我的演说完全为了学员，为了那些相信我的弟子，直到我讲到"中国梦"这个主题，我终于发现，我的演说不仅是为了我的家族，为了我自己，为了我的员工，为了我的公司，为了我的客户，还是为了整个中华，为了整个民族。

  你的梦想跟谁有关，就能够拉动谁的力量来支持你，来成全你。如果一个人的梦想只跟自己有关，这个人就是自私自利的人，所以，这个人绝对无法崛起，因为他没有爱，这个人一定不会赚钱，一定不会成功；当一个人是为了自己的家族而奋斗的时候，这个人就瞬间拉动了整个家族的力量，不管是隐性的还是显性的，他至少会崛起，成为一个小老板；当一个人的梦想是为了自己的员工的时候，他至少是一个好老板，是一个大老板，因为他的员工也会为了他而奋斗；当一个人的梦想是为了他的三千顾客的时候，这个时候他至少是一个企业家；当一个人的梦想是为了整个国家民族的时候，他一定能变成国家的脊梁……

当我讲了两年多的"中国梦"后,我发现,在很多人眼里,我变成了一个民族企业家,因为我打造了一个属于中华民族的品牌,叫新思想。后来,有学员把我的这段视频偷放到网上,在短短不到一个月的时间里,点击率就突破一个亿,在后来的两三个月里面,点击率达到两个亿,三个亿……

在那段时间里面,百度指数第一条就是"中国梦",甚至我很多生活在农村的朋友,微信里都在转发我演说的"中国梦"。越是这样的时候,我越觉得我应该为"中国梦"付出点什么,我觉得"中国梦"就是我的梦,我觉得"中国梦"应该让我去唤醒更多的中国人,让我们为实现中华民族复兴而奋斗,所以我写了这本书。

我写这本书的第一个目的:我认为"中国梦"对我们普通老百姓来讲,就是在经济上,我们能够创业,为这个国家创造更多再就业的机会,我们能够做出自己的中华品牌,能够让我们中国成为经济强国。所以这本书里面,我描写了整个中国改革开放38年来,所有白手起家的企业家,我觉得他们的梦想就是"中国梦",中国发展到今天就是因为有了他们的存在,才能够变成世界第二大经济体,甚至我们将来有可能超越美国,成为世界第一强国。当年我一无所有,没有梦想的时候,就是因为看了这些人的传记,看了这些人的成功故事,才激励了我摩拳擦掌地创业。现在,我把这所有故事全部梳理出来。如果你是一个没有创业经历的人,我希望你看完这本书以后,能够像我一样,勇敢地走向创业的道路,实现自己的价值,因为我们生在了一个最伟大的时代;如果你现在已经是一个创业者了,那么我希望你能够找回你最开始创业的那份激情,带领你的企业做得更大,做得更强,甚至将来有可能成为一个民族品牌。

我写这本书的第二个目的：我希望"中国梦"能够唤醒更多国人的良知，能够让中国没有地沟油，没有三聚氰胺，没有那么多甲醛……

这本书还有第三个目的：那就是为什么很多企业家开始成功，到最后却失败了？像史玉柱一样能够东山再起的人寥寥无几，还有那些商业"不倒翁"，因为他们掌握了这个世界的规律。因此，我开发了一个课程，就叫"规律"。

成功很简单，但是功成名退却很难，功成是成功的最后一步。如果你想做到功成，一定是掌握了这个市场的规律。不管是行业，还是你的人生命运，都是起起伏伏，几起几落的，谁能够把握住规律，谁就能成为最后的赢家。

我试着通过这本书，去探求那些企业家创业中的一些规律，我也希望这些规律能够帮到更多的创业家、企业家，能够走得更稳，能够走得更扎实，能够赢到最后，能够让祖国立于世界之巅。当然，我的功力有限，这三个目的我不一定能够都做到，但是我尽力了，之后我也会一直努力。

我也希望拿到这本书的读者，你们能够全力以赴，每一个字用心去品味，用心去体验，用心去进入。当你体验这本书、进入这本书的时候，我相信这本书对你一定会有帮助。

周文强

2016年6月28日

THE CHINESE DREAM

第一章

打破一个旧世界

敢于筑梦

古代的欧亚大陆上，有一条绵延曲折的商业贸易路线，横贯东西，从中国内陆起始，连接亚洲、非洲和欧洲。这条路线，就是著名的"丝绸之路"。

丝绸之路得名于中国轻软如云的丝绸，商旅们将色彩绚丽的绸缎带到西方，又将西方的奇珍异宝带到中原。丝绸之路始于西汉，在盛唐发展到鼎盛，它不仅是一条商业贸易路线，还是一条文化交流路线，并处处彰显着汉唐盛世时中国强大的国力与包容、灿烂的文化。唐朝在当时是整个世界经济与文化的中心，是各国商人、学者心中的圣地，如今历史的风尘掩埋了曾经热闹辉煌的丝绸之路，汉唐盛世也成为历史中的巨大回响。之后的中国，尤其是近代时期的中国，在国家发展与复兴的道路上，走得格外艰辛。

2012年11月29日，习近平主席在参观国家博物馆"复兴之路"的展览时，第一次阐释了"中国梦"的概念："大家都在讨论中国梦。我认为，实现中华民族伟大复兴，就是中华民族近代以来最伟大的梦想。"

中国梦是国家的梦，是民族的梦，是每个中国人的梦，这个梦涉及国力，涉及文化、民生，涉及中国的大国实力与地位，而最为重要、最为基础的部分是经济。中国梦内涵中的一个子集便是经济发展之梦，而想要实现中国梦，经济发展带来的动力必不可少。

中国的经济保持了三十多年的高速增长，GDP跃居世界第二，经济总量世界第二，外汇储备位居世界第一，我们已经无限接近世界舞台的中心，格外引人瞩目。我们在快速发展、快速崛起，以目前的经济实力来说，圆中国梦正当时。

那么，在这样一种经济形势之下，在这样一种战略构想之下，在宏伟梦想的指引之下，中国的经济应该呈现一个什么样的走势？中国的企业应该怎样利用这一机遇去升级自身？中国的企业家在圆梦的过程中扮演着怎样的角色？企业家心中的中国梦应该是什么色彩？企业家能够为实现中国梦做出怎样的贡献？

其实这些问题归结起来不外乎一个本质问题——中国的企业家要具备怎样的品质与素养？

我们平常在谈论起中国经济发展时，总是喜欢引用大数据，从宏观角度去看待整体走势，但是在这个大的走势之中，需要的正是无数个行业、无数家企业的发展，小齿轮旋转起来，才能慢慢带动大齿轮转动，国家的宏观经济才能够实现运转。对于企业和企业家们来说，这正是"天下兴亡，匹夫有责"的最好诠释。

受人热捧的电影《盗梦空间》中有一个非常神奇的职业——筑梦师，通过丰富的想象力在梦中建造起逼真宏大的场景，高楼拔地而起，繁华的都市中心高楼林立，街道上是来来往往的人群，两旁是热闹高端的商铺。反观我们的现实世界，其实每一个企业家都是筑梦师，都在自己的领域中努力为中国梦添砖加瓦，然后支撑起一个经济快速发展、经济实力强大的中国。而想要当好一个筑梦师，企业家就必须肩负起属于自己的职责。

所以，企业家要勇于承担社会责任。

《论语》中说："士不可以不弘毅，任重而道远。仁以为己任，不亦重乎？"就是在说每个人都应该有远大的志向和抱负，心怀天下，以国家、苍生为己任。这对于企业家来说也非常重要，发心对了，立场对了，才能做出对的事情，才能将企业的发展与社会的进步、国家的兴盛相互连接起来。

生产优质产品是企业的职责，是企业立足的最基本条件，也是企业最为基础的社会责任。产品优良，不仅会给企业带来长远的发展机遇，还能够帮助一家企业积累口碑，赢得青睐与尊重。

除此之外，企业家的社会责任感还表现在对生态文明的重视和对企业文化、员工福利的建设中。生态文明建设如今已经是一个耳熟能详的词汇，企业在发展的过程中要注重保护自然环境，节约成本、追求利润的同时不能忽视对环境可能带来的破坏。中国经济的快速增长经历了一个投入高、消耗高、排放量大、污染程度高的粗放阶段，传统企业在成长发展的过程中给社会与自然环境带来严重的负面影响，也使得经济的发展付出了高昂的代价。财富需要积累、沉淀，而不是在牺牲资源、环境之后再花费大量的人力、物力、财力去进行善后和治理。一个目光长远、韬略宏伟的企业家必定有洞烛幽微的眼光，能够防患于未然，尽快让企业实现转型，实现长远的发展。

就企业外部而言，环境保护、产品精良是企业必须履行的职责，而对企业内部而言，企业家应该更具人文情怀。企业家就像一家之长，每一位员工都是这个家庭中的一分子，员工的工作成就感、生活幸福感对于企业的稳定与发展来说尤为重要。员工是企业中的血液，合理的机制是血管，而企业文化则是跳动着的心脏，作为一种凝聚力与推动力维持着企业的运转。企业内部的安定是实现外部发展的基础，也是为社会稳定、发展做出的贡献。在这里举个例子，一家经营渔业与船舶的民营企业有上万名员工，董事长办公室竟然没有安装空调。董事长面对别人的疑问时总是深情地说，每当他想到自己的员工，那些普通的水手和渔民在海上忍受风吹日晒和风浪颠簸，就觉得自己在办公室吹冷风非常对不住他们，所以不能安装空调。一个企业家的至情至性，从这种微小的细节中也能够体现出来。

当然，中国梦并非一个或几个企业家的梦想，对于中国所有的企业家来说，它都是一个梦寐以求的夙愿。新的发展时期，恶性竞争应该从企业发展策略中永久除名，我们需要的是摒弃行业内的相互整蛊，放下行业间的隔阂，寻求更加高效、合理的合作方式，整合资源、搭建平台，让企业的发展融入行业与产业发展的链条之中。

中国著名哲学家、美学家李泽厚在2015年曾经说过："我认为企业家是现代社会真正的核心、骨干力量，学者不是。"

联想创始人、中国企业家教父柳传志说过一句形容企业家作用的话，他说："领军人物好比是阿拉伯数字中的1，有了这个1，带上一个0，它就是10，两个0就是100，三个0是1000。"

所以，企业家在背负责任的同时，不要忘记，你们也是中国社会的脊梁。

最后，更重要的是，作为一名崛起中的中国企业家，你们应该自信。中国的近代历史以及当代历史的一系列失败使我们趋于相信外国的先进与文明和中国的落后与愚昧，这一思维定式是中国企业家和中国人民心中永远的痛。

但是，在习近平主席提出"中国梦"的当下，在他反复提及的"三大自信"——道路自信、理论自信、制度自信的当下，在我国国际地位不断提高的大背景下，我们有理由自信地认为中国的复兴势在必得。所以，每一位有责任感的中国企业家都应该相信祖国，相信中国经济，相信中国的远大前途，做一名自信的中国企业家。

突破固有思维

当然，企业家除了要有社会责任感和自信之外，除了这些胸怀与情怀之外，面临更多的是企业发展问题。如果说中国走在一条光明大路上，中国的企业在世界范围内将获得更大的发展、更高的地位，那么，中国的企业内部必然存在着激烈的竞争。由于互联网时代的全面到来，中国的传统企业都将变革。

此时的中国正面临着转型，过去有的廉价劳动力没有了，过去比较丰富的土地也越来越贵……中国的经济正在经历转型时期，在大经济环境之下，众多传统企业也不得不面临转型和改革。有梦想、有使命的企业家应该时刻怀有一种危机感、一种革命精神，在被历史浪潮淘汰之前，学会不断淘汰自己，时刻保持头脑的灵活与内心的果敢。

这是一个人人都可以创业的时代，也是一个人人都可以创新、人人都需要创新的时代，中国经济新常态的特点之一就是"大众创业、万众创新"，企业更应该利用自己的积淀与优势身先士卒、把握先机。

创新可以体现在多个方面，包括技术的创新、产品的创新、商业模式的创新等，无论哪一种创新，都能够让企业保持前瞻性。

就目前来看，中国的企业与世界一流企业差距还较大，大多数中国企业的发展依赖于模仿，虽然能够学到世界一流公司的技术、模式，但是却难以摆脱对方的影子，走出属于自己的独特道路。其实中国企业的创新能力并不差，但是这些创新往往渐进性的较多，突破性的较少，不能给企业带来实质性的飞跃。

关于创新我们可以看一家企业——联想集团。联想在2016年3月中旬成立创投集团，通过投资和孵化手段来对前沿科技进行布局，主要进行对核心技术的投资，在扶持全新项目发展的同时也能够推动联想自身未来的发展。联想乐基金总经理宋春雨在创业邦组织的投资人论坛上说，过去十年中国的投资消费有90%集中在互联网领域，但是对核心技术领域的投资不到10%，投资向核心技术倾斜，对于中国企业的创新意识和创新能力来说至关重要。

当然，联想的创投集团只不过是联想集团进行转型的先头部队，联想看重的是企业的升级、技术的创新和核心科技的领先，无论是自主研发创新还是投资创新项目，联想都在试图通过创新进行集团的多元化转型。2015年，联想发起了名为"Tech World"的全球年度科技大会，每年在中国、美国轮流举办。2016年的大会议题集中在虚拟现实、物联网、云技术等智能生活科技上，同时发布多项前沿技术和创新产品。

作为世界500强企业之一，联想的研发投入从2009年开始持续增长，2009年投入2亿美元，到2014年已经增加到12亿美元，而联想集团高级副总裁童夫尧此前透露，2016年研发费用将高达15亿美元。

可以想见，这就是联想早在2013年便排在全球最具创新力企业50强的第22位的原因，榜单中另外一家中国企业则是腾讯，排在第35位。

联想的创新说明了，企业除了自身要保持创新意识之外，更需要与时代的最新科技接轨，把握最新的潮流。在移动互联网、大数据、云计算等科技不断发展的背景下，互联网思维应运而生。这是这个时代中企业家最应关注的字眼，因为它已经深刻地改变了我们的生活以及社会的方方面面。

最早提出互联网思维的人是百度创始人李彦宏。他说，我们这些企业家们今后要有互联网思维，可能你做的事情不是互联网，但你的思维方式要逐渐从互联网的角度去想问题。

海尔总裁张瑞敏认为，互联网思维是零距离和网络化的思维。所谓的零距离就是使消费者或用户与企业的信息沟通零距离。所谓的网络化简单地理解，那就是企业通过网络途径进行销售与服务等，以及传统企业通过互联网技术进行转型升级。

2013年11月3号，央视《新闻联播》播出的头条新闻是《互联网思维带来了什么》，中央电视台花了好几分钟的时间，通过海尔和小米两个成功案例，讲互联网思维给传统制造业带来的巨大改变，旗帜鲜明地表达了互联网思维对于当代中国企业的重要性。

此后，互联网手机、互联网电视、互联网汽车、互联网金融等概念也陆续产生，甚至是互联网房地产、互联网农业都成了人们议论的热点。互联网思维这一概念很快风靡中国。

2015年3月5日，第十二届全国人民代表大会第三次会议在人民大会堂举行开幕式。李克强总理在政府工作报告中明确提出制定"互联网+"行动计划，推动移动互联网、云计算、大数据、物联网与现代制造业结合，促进电子商务、工业互联网和互联网金融健康发展，引导互联网企业拓展国际市场。国家还设立400亿元新兴产业创业投资引导基金，要整合筹措更多资金，为产业创新加油助力。互联网思维被提到了前所未有的高度。

"互联网+"战略是腾讯CEO马化腾向人大提出的四个建议之一，马化腾解释说，"互联网+"战略就是利用互联网的平台，利用信息通信技术，把互联网和包括传统行业在内的各行各业结合起来，在新的领域创造一种新的生态。

随后，"互联网+"又成为这两年的热词。

很多人认为"互联网+"就是"互联网+传统行业或企业"，其实这只是一种浅层次上的认识。汽车能够在马路上飞驰并不是因为简单地在车身上装上了四个轮子，而是有一套完整的驱动装置，有了燃料，有了动力，才能高速前进。同样，"互联网+"也并非仅仅在传统行业的基础之上简单地加上互联网，而是在互联网时代，在互联网飞速发展的情况之下，打破传统行业间的壁垒，打破旧的认知，打破传统的生产、销售和宣传方式。互联网不再是一个单纯的行业，而是跳出了行业范畴，成为一种工具、一种渠道、一个引擎，润物细无声地对传统行业进行"改造"。

"互联网+"强调得更多的是创新，这种创新既有逆袭式的创新，也有顺势型的创新。"小米模式"便是一种逆袭式的创新，即用全新的思维方式做手机，这种扩张会给传统行业带来强烈的震动，这种震动从电子商务对实体店的冲击、互联网金融向传统金融行业的逆袭等现状中也可以略窥一二。

互联网促进了一些传统行业的更新换代，甚至进行着新的洗牌，评论界曾经流行这样一个段子："邮政行业不努力，顺丰就替它努力；银行行业不努力，支付宝就替它努力；通信行业不努力，微信就替它努力；出租车行业不努力，滴滴、快的就替它努力……"如今滴滴与快的早已合并，两家公司培养起的打车市场也随之整合，一起将市场继续做大。

还有另外一个段子："百度干了广告的事，淘宝干了超市的事，阿里巴巴干了批发市场的事，微博干了媒体的事，微信干了通讯的事，不是外行干掉内行，是趋势干掉规模。"互联网起到的就是这样一个作用，给传统的行业无形之中施加压力，让那些做得不够好的行业自动倒闭，使行业不断创新，不断提高效率与服务质量。

当然"互联网+"也可以是一种顺势创新，这种创新方式伴随着互联网的发展也一直在进行发展，互联网对传统领域的改变是潜移默化的，只不过没有小米式的轰动效应，所以没有引起足够的关注。比如，在我们所熟知的娱乐和餐饮等领域，我们的生活其实早已被"互联网+"所占领——互联网加电视娱乐，兴起了众多娱乐视频网站；互联网加餐饮行业，便有了我们今天所看到的众多团购、外卖网站；互联网加婚恋交友，诞生了大量的相亲交友网站；互联网加人才招聘，年轻人找工作不再需要专门跑到各个人才市场、招聘大会，招聘信息在智联、58同城等网站上便能够轻松浏览……

经过这几年的发展，再看看我们身边的现实，我们打车用的是打车

APP，出行用的是地图APP，餐饮时可以通过"互联网方式"获得优惠，购买景区门票也可以通过手机APP……几乎所有行业，我们所有的购物行为都与互联网和互联网技术产生了密切联系。

不仅如此，我们还憧憬可联网的智能家电能够普遍应用在我们的厨房、客厅。在不久的将来，也许智能汽车会让我们无须手动驾驶，就可以翻山越岭……

如今，已经没有哪个行业再敢轻视互联网的作用。中国的企业在"互联网+"的发展背景之下面临着硬件智能化浪潮和电子商务两个机遇，对于传统行业更是如此。"互联网+"并不是让每一家公司都变成互联网公司，而是在本行业的基础之上加深对互联网的理解与运用。如中国的制造业正经历着人口红利、资源优势带来的辉煌发展之后面临的巨大压力，不仅钱赚得少了，工人也很难招，还要承受反倾销等国际贸易争端。但是，一些思想较为前位的企业早已对"智能化工厂""大量定制"等方面进行了良久的摸索，借助"互联网+"的强势风力，这些企业正是起飞的时候。

在这一个互联网时代，中国传统企业面临着转型升级的时代命题，有很多传统企业在这个过程中风采不再，同时，也有一批企业乘着互联网的东风迅速成长壮大，取代了相关传统企业的地位。

在这样的变革时代，中国企业家需要把握住时代的机遇，世间万物处在永恒的发展变化之中，想要适应新的时代，就必须做出改变。"互联网+"

要求企业打破固有的思维和原有的格局，其中的核心是思维的转变，而非对工具的利用。企业通过思维和心态的变革，进而对经营模式和用户关系进行变革，才能不被时代发展所淘汰。只有永不满足，永远变革，使自己的企业与时代共同呼吸，才能做新时代的常青树。

供给侧改革与中国创造

改革开放已经三十多年了，中国企业历经多年发展历程，其实在资金、技术等方面已经有了良好的沉淀和积累，我们曾经依靠引进资本、技术，发挥劳动力与低成本优势成为世界制造大国，但是这样的一种模式相当于工艺精湛的绣娘却整天在为他人做嫁衣裳。能制造出高质量的产品，却没有自己的高知名品牌，有了品牌，又不能形成良好的品牌价值，这让中国的企业发展陷入一种恶性顽疾之中。人们在提起中国企业的时候，往往首先想到的是密集的工人和生产线，很少能联想起富有人文情怀的产品、品牌、文化。缺少品牌价值，产品就只是冷冰冰的产品，不会有深刻的内涵，亦无法通过产品打动人心，塑造企业的人文形象。

生活水平的提升让消费者们在满足衣食住行需要之后，更加注重生活品质的改善和精神层次的提升，而那些能够改善生活品质的品牌自然会受到欢迎和青睐，就像苹果改变了人们对手机外观和功能的期待一样，当一家企业带给消费者超乎想象的价值时，自然会成为领军者、佼佼者。苹果改变了手机的走向，谷歌改变了人们打开世界的途径，它们都改变了人们的生活。外媒评论说："很多时候，一家公司改变我们的生活不仅是由于其产品，也是由于其精神。"而这种精神，就渗透在企业的品牌与文化之中。

有人说五年的企业是产品堆积出来的，十年的企业是技术支撑起来的，百年的企业是文化滋养起来的。企业的品牌价值就是一种文化，不仅仅由企业文化凝聚而成，更是民族文化的一个部分、一个代表、一个缩影。中国企业在资金、产品、技术都"装备齐全"的情况之下，不能让企业因为缺少品牌价值与文化，缺少竞争的软实力而受到发展的阻碍。

企业家心中应该有一个对企业品牌的期许与认知，想要快速打造一个知名品牌并非易事，需要长时间的沉淀、积累、打磨，但是如果企业家唯利是图，不顾道德底线进行产品模仿、造假，只能将企业的发展推向深渊，造成难以挽回的影响。跟在别人身后走路永远只能是邯郸学步，如今"中国制造"渐渐失去最初的优势，想要完成"中国创造"的转换，需要每一个企业家、每一家企业付出努力。

2015年春节前后，中国赴日游客抢购马桶盖和电饭煲的新闻意外地成为热点，引起大家对中国作为世界工厂却为何做不好一个小小马桶盖的反思，甚至连国务院总理李克强也注意到了这件事，并在3月初的"两会"期间主动提及，他说："当然，消费者有权拥有更多选择，我们也抱着开放的心态。

这也会倒逼我们产业升级。"

李克强的话戳中了中国制造的软肋。除了中国的马桶盖和电饭煲，还有中国的彩妆、奶粉等其他产品也让很多消费者失望。这也使得"海淘"成为人们时下热门的购物选择，这也让不少中国企业家感到了实实在在的威胁。

时代在变，消费者也在变，人们都希望低品质的中国制造能够成为高品质的中国创造。2015年11月10日，在中央财经领导小组第十一次会议上，国家主席习近平首次提出："在适度扩大总需求的同时，着力加强供给侧结构性改革，着力提高供给体系质量和效率，增强经济持续增长动力。"这就是著名的"供给侧改革"。

所谓"供给侧改革"，就是从供给、生产端入手，通过解放生产力，提升竞争力促进经济发展。华为总裁任正非说，供给侧改革的中心，就是提升产品的品质。通俗地说，我们的中国企业家需要升级和创新产品，为中国的消费者提供高质量的产品和服务。

2015年12月1日晚，中央电视台出现了格力总裁董明珠与京东总裁刘强东动漫形象的联合品牌广告。广告中,董明珠与刘强东共同喊出了格力的口号："让世界爱上中国造。"2016年初，小米CEO雷军又提出了"新国货运动"的口号。这些著名企业家已经加入到供给侧改革的实际行动中。

所以，中国企业家务必适应时代，适应新的政策机遇，适应新的消费者，以消费者为中心，主动升级产品和服务。关键是主动转变以往的"只做低廉低质产品"的思维,加入"中国创造"的伟大实践中去,打造出更多的由中国创造的伟大品牌。

放眼全球

继中国梦之后,习近平主席又提出了"一带一路"的战略构想,分别在访问中亚国家和东南亚国家期间提出了共建"丝路经济带"和"海上丝绸之路"两个重要概念。

"一带一路"是中国梦走出国门,与世界梦相连接的纽带。国际经济局势和地区经济形势在不断变化,中国需要更加包容、开放的心态,更加积极的态度、动作去维护全球自由贸易体系与开放型经济体系。古老的丝绸之路上各国商贾络绎不绝,没有肤色、语言的差别,有的只有相互之间的信任与合作,如今"一带一路"沿线国家和地区同样也在面临一个共同的发展机遇,在世界经济身陷泥淖、复苏缓慢的大背景下,这一构想对于世界与中国的经济,都有着深刻的历史意义。

习近平主席提出的"一带一路"战略正是中国企业走出国门的一个契机。中国的企业其实早就已经走向了世界,但走出去的大部分是产品,是加工企业的商品出口,但是这一次,需要的却是能够真正进行国际化经营的跨国公司。

美国《世界日报》曾经有一篇关于中国企业的刊文《中资企业要关注全球化形象》，文章中一针见血地指出了中国企业国际化之路的关键：从追求自身经济发展，到在世界经贸体系扮演举足轻重的角色，中国企业值此转型期，如何从量的优势过渡到质的优势，易言之，如何从偏重亮丽的销售数据，转变为追寻消费者长期认同度与忠诚度，是中国企业现阶段所应思考的课题。

对于中国企业来说，全球的资源整合、产业链布局与打造都仅仅处于起步阶段，跨国企业指数比较低，企业家想要带领企业走出国门也许并不是一件困难的事，但是怎样在走出国门后成功地走进异国市场，在那里扎下根、开出花、结出果实，这才是重要的事。

"一带一路"战略之后，中国率先走出去的都是重资产项目，大多是基础建设企业，这配合了我国现阶段"去产能、去库存、去杠杆、降成本、补短板"的供给侧改革。

但随着与各国的深入合作，轻资产型企业也应该在这一舞台上焕发光彩。

当然，中国企业成功走向国际的案例也并不在少数，吉利汽车就是其中格外引人瞩目的一个。吉利用18亿美元的价格收购了瑞典老牌汽车公司沃尔沃汽车集团，这对于2010年的吉利来说，这场跨国并购无异于蛇吞象，许多人都不看好。并购涉及沃尔沃三家工厂、一万多项专利、遍布全球的资产，还有员工体系、研发团队，以及从供应商到销售、服务等整个产业链。吉利并购沃尔沃占据了充分的天时地利人和，但是对于一个没有豪华车运营经验的民营企业，想要驾驭沃尔沃是否能够得心应手？这是很多人心中的疑问。

其实关于并购，吉利集团董事长李书福心中早就谋划好了布局，他早在2007年便实施战略转型，致力于走向国际化。国外的汽车工业虽然发展了两百年，技术成熟，但是中国的汽车工业在近些年却以惊人的速度发展着。想要实现进一步升级，中国汽车产业不能闭门造车，必须将目光投放到国际市场，吉利想要借助全球化把自己的车卖到世界各地，不仅需要过硬的产品、高端的研发团队，还需要合适的渠道。想要打开渠道、迅速壮大，就要完善产品结构，这一切条件，让收购国际高端品牌成为吉利发展的当务之急，也有了得以实现的可能性。

跨国并购，文化的差异会造成许多困难，但是吉利将这一点处理得非常微妙、漂亮。沃尔沃需要的是重视它、认同它，愿意帮助它走向复兴的平台。如今五年多的时间下来，沃尔沃的销量稳稳上升，李书福思路明确、行动果断，沃尔沃在上升的销量中看到了未来。

而对于吉利本身来说，成立共同的研发中心，借助沃尔沃的品牌力量，自身的品牌也会得以提升。吉利的产品不断走向海外，从中东、东欧再到南美、非洲，市场号召力越来越强。随着吉利汽车质量的提升，下一步进入欧美成熟市场的脉络也就越来越清晰了。

从事冰箱制造起家的李书福被称为"造车狂人"，因为曾经口出狂言"汽车不过就是四个轮子和一个沙发",收购沃尔沃,外界对他的评论褒贬不一。但是现实情况是沃尔沃确实扭亏为盈,证明了这个"狂人"企业家心中的胆量与远见。草根出身的吉利代表着中国品牌走向了世界,而这正需要李书福这样的企业家胸中的宏伟韬略。

当然,想要实现中国梦,企业家除了拥有上述几点特质之外,还需要很多必不可少的能力、知识与素养。

荣登世界500强企业名单曾经一度是中国企业和企业家们的宏愿,2015年,中国跻身世界500强的企业已经高达106家,数量稳居世界第二。这是企业家们的心血凝聚,是企业发展的瞩目成果,在此基础上建立长远的企业愿景、使命感、价值观和企业文化,是企业能够基业长青的基础。

孙中山先生说:"世界潮流浩浩荡荡,顺之者昌,逆之者亡。"企业想要实现发展,就必须保持谦逊的态度和前行的脚步。企业发展要有时代性,不能适应时代,只能被时代淘汰;要看清发展环境,看准发展机遇,看好发展路线,做好充分的准备,然后再一往无前地披荆斩棘、乘风破浪。

每一个企业家都是筑梦师,中华民族的复兴离不开企业家孜孜不倦的奋斗与贡献,而中国梦所营造出的积极向上的环境,所创造出的源源不断的动力,是企业家实现自我价值与社会价值的源泉。

THE CHINESE DREAM

第二章

建设一个新世界

小米：互联网思维

2015年4月8日，手机品牌小米为了纪念公司创立5周年于"米粉"（小米手机的粉丝）节举行促销活动，24小时之内在网上共售出211.2万台手机，获得吉尼斯官方认证，打破单日销售手机数量最高纪录。当天的米粉节支付金额突破20.8亿元，CEO雷军自信地说，小米已经成为仅次于阿里、京东的中国第三大电商。

2010年进驻手机市场的小米，简直是手机界的全新宠儿，并且产生了一个全新的词汇：小米模式。所谓的小米模式其实就是一种以互联网思维为基础的经营模式。雷军的职业生涯起步于金山软件，参与创办、运营卓越网，在中国属于较早一批接触B2C电子商务网站的人，后转型为一名全职天使投资人，任职期间，雷军所有的投资都瞄准了移动互联网行业。在这些职业经历之后，他看到了移动互联网的未来，认为想要实现这一未来，移动终端非常重要，而手机就是这样的终端，智能手机借助互联网潮流，成为小米飞翔的动力。

雷军将小米的成功归结为七字诀：专注、极致、口碑、快。我们进一步分析，可以归纳为三个特点：一，用互联网模式开发的MIUI系统；二，电子商务模式；三，米粉。

在小米手机投入生产之前，MIUI作为安卓系统的一个针对中国用户习惯的改进版本已经提早一年进入市场，以每周一次的速度进行更新，受到大批粉丝的认可，而这一操作系统的成功为小米实体手机的推广起到了探路先锋的作用。

小米和传统制造企业非常不同，没有自己的工厂，没有销售店面，唯一的销售渠道便是官网，并且需要预定或在开始销售时紧盯官网抢购，这是典型的电商模式和饥饿营销模式。不过随着小米定位的逐渐转变，销售渠道也在慢慢增加，除了官网销售之外，还有淘宝、京东、苏宁、国美等网络商城和移动、联通、电信等运营商渠道。这是一种非常优化的模式，中间渠道、零售店的消失让小米充分简化了销售流程，降低成本的同时能够集中力量做好手机，在研发环节投入巨大的人力和财力。

小米的生产制造选用的是最好的原料和供应商，例如高通的处理器、夏普的屏幕，这些都代表着业内的高水平，手机组装最初是英华达，后来又增加了全球最大的手机组装平台富士康。这些都为小米的优良品质提供了保障。小米将节省下来的成本全部投入手机本身，也有更多的精力放在售后与服务上。

雷军互联网思维运用最为得当的地方便是手机发烧友对小米的忠实拥护。社交网络在这个时候显示出了强大的吸收粉丝能力和品牌与行业控制力。雷军想要做中国人自己的智能手机，这一想法首先得到了众多手机发烧友的支持，他们在论坛中积极地发表意见，小米的每一项创新功能都能够寻找到米粉参与的痕迹。雷军利用个人的影响力吸引了大量粉丝，如 2011 年小米 1 投入市场，雷军一条记录自己使用过 56 部手机的微博共获得 56 万人的参与互动。小米论坛是个活跃的地方，每天有数以万计的帖子被发布、阅读、回复，粉丝们组成了一个开放式的社区。小米没有广告，有的是雷军所说的口碑，其实就是利用社交媒体、自媒体、网络媒体等进行营销，但是网络所形成的力量和所带来的价值远远超乎人们的想象。

一时间小米风头无限，成为最成功的互联网企业。除此之外，其他行业也纷纷借势互联网进行转型或发展，甚至煎饼和肉夹馍都能够融资超过千万，互联网成为越来越受关注的一块财富新大陆。

企业如何才能借助互联网之风成功起飞？根据成功的互联网企业案例，我们可以尝试进行较为简单的如下总结：

第一，做好产品。

无论什么时代，无论什么样的经济政策和环境，产品对于一家企业来说是永远的生命线，也是企业得以生存的前提。产品质量不过关，消费者永远不会买账，产品更新换代赶不上人们的需求，企业终将面临被淘汰的危险。昔日手机帝国中的王者诺基亚正是因为故步自封错过了智能手机时代，之后竞争力下降不断衰退，最终放弃了手机业务，屈尊将自己全部家当卖给了微软。

我们可以看看迅速蹿红的小米，它正是准确切入了消费者的切实需求：收入较低但钟爱智能手机的年轻人群，对性价比要求较高的人群。以此为基础的小米有着过硬的品质，低端的价格却能够买到中端甚至高端的体验，这就需要产品在控制成本的同时做到最好，即雷军所说的极致。从手机的性能来看，小米的确能够满足需求，低廉的价格和高品质的体验，让小米迅速积累起口碑，产品本身就成了最好的营销。

小米虽然以互联网的思维方式、商业模式为切入点，但是最终吸引消费者的还是产品和服务本身。追本溯源，把握好根本，才能在互联网的竞争中占据最稳固的优势。

在传统的消费模式中，企业与消费者之间的关系非常简单明确，即企业提供产品与服务，消费者付费进行购买。消费者能够买到的商品都是既定的，也就是企业首先要生产出产品，放到实体店中销售，消费者才能从琳琅满目的商品中选出自己中意的一款。如果某一款产品深受消费者喜爱，那么企业也许会增加产量；如果某件产品销量不佳，企业也会随之调整将其下架。虽然市场能够反映出供求关系，但是这种反映是滞后的，企业仅仅能够掌握经营状况和消费者的基本构成情况，从而推断出不同人群的不同喜好，然后再进行相应的调整。

但是借助于互联网，企业可以通过这个平台将消费者转变成参与者，在这我们可以通过海底捞的案例来略窥一二。雷军在阐释小米的经营理念时多次提到向海底捞学习的经验，这家起步于四川如今遍布大江南北的火锅连锁店很早便开始了O2O模式的探索。海底捞是最早开通新浪微博的企业之一，并且很早就有了网上订餐和外卖服务，迅速积累了大量粉丝，网络上的互动把企业和消费者之间的距离拉得更近。2012年门店开始应用信息化系统，电子化的点餐服务，用餐期间信息一体化、智能化，大大加强了对客户关系的管理。根据现实社会的发展及时进行经营方式的调整，让海底捞俘获了大量的粉丝。

乐视公司将产业从视频领域拓展到终端销售，力图打造一个"平台+内容+终端+应用"的生态圈，这其中也少不了与用户的互动。乐视电视销量攀升，受到消费者的青睐，甚至一度成为销售冠军，革了传统渠道和传统商家的命，能够将电视机卖得如此火爆，最重要的原因就是用户关系。乐视电视与其说是乐视生产的，不如说是乐视的工程师和用户一起打造出来的。消费者通过各种新媒体渠道提出自己的需求和建议，使乐视能够掌握最全面、最细致、最新颖的资料，它只需要将这些需求变为现实，生产出满足消费者需求的产品即可。而这些参与者最终也会转化为消费者，然后会发布最新的用户体验，无形之中便形成了最为广泛的口碑效应。另一方面，乐视也能够根据这些现实的用户体验进行新的改进和升级。总之从产品设计生产到更新换代都有消费者的直接参与，所谓对症下药，如此直击消费者的内心需求，就是互联网能够带来的最为便利的条件。

把用户体验、用户口碑做到极致是互联网给传统产业所带来的最重要的思想。在"互联网+"时代，我们可以清晰地看到以往企业与消费者之间互不相通的冰冷关系结束了，现在，企业在销售甚至生产商品之前就可以与潜在客户进行情感连接，培养起消费者的忠诚度和美誉度。在与消费者互动的过程中，企业和产品的知名度也会水涨船高，对于企业和消费者来说，这是一种共赢的关系。

我们还可以看到小米在手机成功推出后，将这一成功的模式复制到了公司其他产品和领域之中，如小米手环、小米盒子、小米移动电源、小米活塞耳机、小米摄像头、小米智能血压仪、小米家装、小米净水机等。互联网这一广阔的平台将各个产品串联起来，并且提供了建立生态系统的空间。小米的MIUI系统，当中包括内容和服务；小米的硬件，包括手机、路由器、电视等。除此之外小米还在投资智能硬件，如投资一家做移动电源的公司，借助小米模式一年成功做到了20亿销售额。不同的领域相结合，形成一个以手机为核心的生态系统，让小米的触角可以扩展到更多的领域，这就是互联网文化所带来的连锁效应。

类似的还有我们刚刚提到的乐视，乐视致力于打造的"平台＋内容＋终端＋应用"生态圈就是一个外向开放、内向闭合的系统。人们用乐视的电视看乐视打造的娱乐节目，用乐视的手机浏览乐视的网络视频，相生相连的生态圈比单枪匹马的产品更具竞争力。

除了企业单独打造生态系统之外，不同的企业之间也可以打造一种合作共赢的生态圈，当然，这其中体现出来更多的是互联网与传统行业的双向渗透，在合作的过程中，完成企业的优化和产业的升级。

2015年4月，华润联手小米智能家居和爱空间打造华润盒子，为LOFT（高大而敞开的空间）户型客户解决家装之需。华润盒子是三方品牌的融合，由华润提供房源，爱空间通过粉丝建议进行家装设计，而小米智能家居则为每一个项目提供智能电子设备。这是一种全新的尝试，也是未来互联网与传统行业相互结合的一种方式。

互联网的发展已经彻底改变了人们的生活，并且在各个领域和细节上继续进行着改变。互联网要求企业具备一种开放的心态和精神，进行跨界与融合，以实现自身的升级与发展。

互联网是一种工具，也是一个平台，企业可以通过这个平台与社会、与其他企业、与消费者进行对接，给自己加一双翅膀，借风飞翔。

海尔：传统企业转型升级

在这个互联网时代，诞生了许多像小米一样运用互联网思维赶超传统企业十几年积累的互联网企业。但是，这样的企业数量毕竟远比不上传统企业。所以，绝大多数的传统企业都面临的是转型的难题。如何在互联网时代，在供给侧改革和全球化发展中保持实力，并升级成功，是每个中国企业家当前所面临的最大问题。

早在2005年，张瑞敏意识到海尔在中国的多数竞争对手都已经取得了一定程度的服务响应度，而海尔需要再一次转变其价值主张。他认为，海尔的困扰在于无谓的时间拖延，以及在确定新产品产量时的主观猜测——这种猜测出错的代价是高昂的，而通过更近距离地了解顾客的需求，可以减少乃至完全避免这种猜测。张瑞敏认为解决这一问题的关键就是"与用户零距离"。

张瑞敏希望海尔的每个人都必须创造用户。他说:"没有成功的企业,只有踏上时代节拍的企业,但是一个企业不可能永远踏上时代的节拍,所以企业要像冲浪者,赶上下一个浪尖。"

所以,张瑞敏要求每一个员工都需要去接触用户,现在在海尔内部形成了多个小微公司,而这些小微公司都成为员工创业的平台,也就是说,如果这个员工自己找到用户,那你自己可以为这个用户创造价值,而创造出来的价值有你的一部分。

这些小微公司是相对自主、自组织的,它们仍然是海尔的基本组织单元。每个自主经营体由不到 20 人组成,有时团队聚集在一地,有时则是虚拟团队。他们发挥各种职能角色,为某一具体项目来到一起,自负盈亏。他们有自己独立的财务体系和完全的自主权,可以决定雇用和解雇员工,制定内部支出规则,决定奖金分配,并就几乎所有实际运作方面的问题进行决策。

张瑞敏直接砍掉了中间管理层,进行扁平化管理,海尔从此也没有了上下级关系。在海尔内部只有三类人,平台主、小微主、创客。平台主做创客平台,主要提供创业服务;小微主是海尔小微公司的负责人,一个海尔小微通常不超过 8 个人;创客,顾名思义,就是创业的员工。

在海尔的研发、生产、供应链、渠道、售后等所有方面,张瑞敏都进行了这样的改革。比如,海尔电器售出后的安装服务是由一个个"车小微"完成的。1 个"车小微"包括了 1 个安装师傅和 1 个货车司机,海尔集团共有 9

万多辆这样的"车小微"。用户可以通过互联网平台选择送货的"车小微"，并在安装后对其打分评价。这样的市场化机制可以淘汰那些差的"车小微"，从而促进海尔安装服务的改进。

各个小微公司所要做的就是在和用户交互的环境中，根据用户的使用数据和回馈寻找用户的需求点，产生创意，然后改进生产设计或服务，进行产品创新和服务创新。简单地说，就是"以用户为中心"以及"为客户定制个性化产品"。

海尔还完全舍弃了以前被传统企业普遍适用的"宽带薪酬"，即一个企业分为多个级别，每个级别有下限和上限的薪酬，不同级别线性增长。海尔加入了更多的参数，也就是最核心的用户评价。考核的方式从原来的360度考核变成了用户直接考核。小微在满足海尔的平均利润后，其超额利润将与海尔共同分享。这部分超额利润不同于一般的销售提成，其比例远远超过销售提成的比例。这样的话，小微的积极性一下子都被调动起来了。

当前海尔平台已有183个小微生态圈，除了免清洗洗衣机、雷神笔记本、智胜冰箱等从传统产业孵化出的小微之外，2015年海尔平台又孕育出了有住网、蛋业生态、极车公社、快递柜、社区洗等很多新项目。现在，海尔有77%的小微年销售额过亿。

在"2015中国青年互联网创业大赛"上，海尔集团内部孵化的员工创业小微企业"雷神"和"iSee mini"分别摘获金奖和铜奖。业界广为关注的海尔互联网商业模式变革初步展现改革红利。尽管海尔的变革触及组织的大规模颠覆，但海尔的管理和业绩却能保持稳健发展态势，自 2005 年以来，海尔的利润连续十年以上保持高速增长。

2015 年 5 月 13 日，《海尔：与用户零距离》出现在哈佛大学"高绩效组织与文化设计"的课堂上，成为来自全球经理人的必修课，这是继 17 年前海尔凭借《海尔文化激活休克鱼》成为中国首登哈佛讲堂的企业之后，再次出现在哈佛讲堂里的中国企业案例。

在张瑞敏看来，企业发展要经历三个阶段：第一个是传统时代，客户即一切，谁有大客户谁就有品牌；第二个是流量时代，谁流量大谁就是品牌，当然同样要靠营销、靠渠道；现已进入第三阶段，用户资源时代。通过整合资源，在海尔平台构架的生态系统内，所有"微细胞"各显其能，共同支撑海尔的发展。

当然，海尔的成功转型绝对不是个例。这里可以介绍一个万科的转型案例，那就是万科良渚文化村。良渚文化村位于杭州的一处郊区，这是一个具有互联网转型色彩的典型案例。

良渚文化村有一个村民食堂，万科的老总王石就经常在这里吃油条。这里的油条有个好听的名字，叫"放心油条"，这便是万科这个项目的特色。万科建造这个村民食堂的时候，专门从杭州城找了数十家做油条的餐厅，又找了数百位业主进行盲测，最后选定了一家。可是良渚文化村的业主（也叫村民）还不一定能吃到这"放心油条"，如果食堂排队人数超过 6 人，则每人限购 3 根。

而正是因为这里的油条，促使一位业主在良渚文化村购买了一幢2000万的别墅。我们从"放心油条"这件事来看万科理念的转变，也就是说万科开始从单纯地"卖房子"向"卖房子+卖服务"上转变。

良渚文化村被万科定位为超大的互联网转型实验室，很多服务模式都会在良渚文化村进行试验，一旦成熟，就会向全国推广。

我们都知道位于郊区的房子有一个大的弊端，那就是生活服务设施欠缺。一般的房地产企业可能把这些服务外包出去，但这样的做法，往往会导致服务质量差等问题。万科的做法是亲自做这一部分业务，向业主提供优质的服务。

所以，良渚文化村不仅有村民食堂，还有良渚食街。这里可以吃到正宗的甘其食包子，还有村民自制的老郑蘸盐牛肉、老杨肉夹馍，以及万科自营的塞味拉西点、V咖啡等。

在这里，我们说说老杨肉夹馍。老杨是良渚文化村的业主，起初，他经常听到业主抱怨良渚文化村的餐饮不符合口味，所以就在自家做肉夹馍，然后蹬着三轮车叫卖。很快，他的产品成为明星产品，万科物业就在良渚食街给了老杨一个门面房。就是这样的办法，良渚食街聚集了一批受业主欢迎的餐饮店。

解决了吃饭的问题，万科又试图解决购物问题。先是有一些村民自发地形成了规模较小的跳蚤市场，万科物业的人就给予协助，帮忙找场地，并提供桌子、椅子。随着之后慢慢发展，万科又主导了良渚文化村的商业街建设。

就是这样一系列的服务跟进，使良渚文化村的"好房子、好服务、好邻居"

的理念得以形成。另外，在良渚文化村有文化配套，比如良渚文化博物馆、大雄市、美丽洲教堂，除此之外还有医疗配套、教育配套、交通配套、休闲配套等。

为了形成良好的社区氛围，万科还扶持业主创业。在良渚文化村，万科专门成立了创业扶持平台。同时，良渚文化村里，还有数十个居民社团和公益团体，这些团队促进了业主的文化生活。

良渚文化城还建立了垃圾分类推广中心，这个推广中心共耗资本600万元，每月运用需要6万元。

通过一系列的服务设施和社区文化建设，良渚文化村形成了一个类似于城镇的良好人居系统，使住在这里的数万名业主能够享受到优质的服务。

这种"卖服务""以客户体验为中心"的思路也就是传统企业运用互联网思路进行转型升级的路径。

华为：中国创造

今天，手机品牌中，享誉全球的中国品牌有不少，其中最为有名的应该就是华为。

提起"华为"二字，人们的第一印象是华为手机。这家1987年在深圳成立的公司，一定程度上已经成为中国高科技企业的象征。在传统运营商市场，华为给人的印象大致可以归纳为"低调""可靠"。正是这样的品质，让华为把自己的通信设备卖到了全球上百个国家和地区，覆盖全球1/3的人口。

华为作为中国最成功的民族企业之一，短短25年间由一个全新企业成为世界第二大通信设备生产商，面对通信行业上百年的西门子、阿尔卡特、朗讯等强大竞争对手，一路过关斩将，所向披靡，成为中国民族工业的骄傲。

我们看看华为手机在2016年取得的成绩——华为最新旗舰手机P9及P9 Plus自4月6日于伦敦发布之后，在发布后的6周时间内，全球发货量已经超过260万部。有分析人士预计，华为2016年智能手机出货量将达1.2亿，比2015年上涨20%。华为手机牢牢占据国内第一、国际第三的位置。在苹果和三星公司增速疲软的情况下，华为手机完全有实力后来者居上。华为手机经过短短的几年时间，就能对手机巨头苹果和三星公司造成威胁，这是难以想象的飞跃。

华为手机成功的一个突出原因，就是任正非对科研投入的重视。从华为官方公布的数据来看，华为专利研发投入累积超过380亿美元，是NASA年度预算的2倍多，2015年度研发总投入可探索冥王星12次。华为在中国、德国、瑞典、俄罗斯及印度等多地设立了16个研发中心、36个联合创新中心，员工总数超过17万人。华为全球累计专利授权50,377件，PCT（专利合作协定）申请数量连续两年位居榜首。

通过坚持不懈的研发投入和强大的专利布局，华为与业界主要厂商和专利权人签署了数十份知识产权交叉许可协议。

关于华为手机的成长，我们可以梳理一下。2011年前后，华为手机基本是为运营商做代工，主要客户是欧洲的电信运营商。转型前的华为手机并没有形成华为手机的品牌影响力，它是白牌手机，哪个运营商要，就印上哪个运营商的标志（logo）。

如果华为手机一直遵循这样的发展道路，也可以盈利，要知道，在欧洲的15家电信运营商中，华为的白牌手机要占到九成。但是，这还是处于廉价的中国制造的阶段，意味着低廉低质，缺乏核心竞争力，随着劳动力价格和人民消费水平的提高，必然会被时代淘汰。

所以，华为手机必须转型。华为的转型首先从削减机型开始，华为没有很快终止原有的手机业务，它一方面与运营商保持接洽，另一方面则砍掉了大多数低端和入门机型。到2013年，80%的华为低端手机基本被砍完。

2014年，华为手机过渡到只研发和销售中高端机型的新阶段。华为手机专注打造荣耀、畅玩、Mate/P等系列，总机型没有超过10款。而原有的白牌则逐渐减少。

2013年，华为手机发布第一款高品质品牌手机P6。虽然P6还显稚嫩，但是P6对华为手机而言是一个里程碑。迄今为止，P6已经进入了100多个国家的市场，销量总计达到400万台，获得了最佳手机、最佳设计等多项大奖。P6的发布遭到了运营商的强烈反对，运营渠道商纷纷表示反对，以至于华为在欧洲的运营商一度缩减至只剩下一家。在这样的压力下，华为手机还是坚持转型。

华为手机的升级手机P7于2014年9月4日在巴黎发布。与P6相比，P7

更加成熟了，而之前抵制的运营商也慢慢开始接受来自中国的中高端手机。

2014年9月4日，华为在柏林召开了华为Mate7手机的发布会。Mate相比之前的手机，芯片变成了八核，屏幕变大了，电池续航能力显著提高，还加入了指纹识别。这款优质的手机一发布就引爆了市场。华为中高端手机由此走上了正轨。

2015年4月，华为在伦敦发布了P8手机。

2015年9月2日，华为手机发布了华为MateS，华为手机称这款手机是"旗舰中的旗舰"。

……

华为除了不断推出高品质的手机之外，也同样重视用户体验。华为手机自带手机服务APP。这个APP分为手册、服务、论坛3个标签页。用户可以在APP上"吐槽"，发表意见，这相当于一个社区，可以随时掌握用户的需求。

华为还在互联网建立了华为商城，在这里，用户可以一站式买到华为手机以及相关配套产品，从智能手机到各种手机配件，从智能家居到各种穿戴设备。

华为手机业务的掌门人是被网友称为"余大嘴"的余承东。余承东说过："华为手机这几年其实不是战胜任何一个友商，而是一个战胜自己的过程。"

可以这样说，华为手机完全是以高品质取胜的，它一定程度上代表着中国创造的新水平。华为也毫无争议地成为中国供给侧改革的典范。

除了华为，格力也是同样以高品质取胜的中国公司。

2016年前，格力相继布局工业装备、机器人、高端模具等领域。董明珠说：

"格力正在加速实现产业转型,将过剩产能转化为优质产能,同时重点加速智能化的发展。"

对于格力来说,从当初一个年产能不足2万台的空调小厂发展到今天的世界500强,全球家电企业第一,自主创新一直是其在市场中屡战屡胜的秘诀。

90年代起,格力坚持"质量供给",到21世纪初,格力又鲜明地提出"技术供给",再到后来坚持"责任供给",直至今天的"智能供给",可以说,格力一直以高品质为追求。

所以,董明珠一直非常自信,她说:"我的企业能够拥有核心技术,而且拥有创造能力的时候,我应该把它极大化,而且社会化,不仅是为我自己服务,还希望能与全世界共享。"

2016年,董明珠高调宣传格力力主的"中国造"概念,提出通过智能制造解决产能过剩、低产低质的行业问题。

在董明珠首提的"中国造"概念下,格力拿出的第一款产品是大松电饭煲。之所以选择这个品类切入,是由于中国消费者去日本抢购马桶盖、电饭煲的新闻刺痛了她。

"我特别生气国人一窝蜂到国外买电饭煲的事情,这个事真的刺痛了我的神经。我觉得很遗憾,同时也很悲哀。没有理由中国那么多制造企业连一个电饭煲都做不好。"董明珠说。

格力为此办了一场体验会,用格力出品的大松电饭煲与三款国外畅销的电饭煲,以相同的大米和水煮饭,请现场嘉宾和记者盲选出最佳口感的电饭煲。

据现场统计，格力大松 IH 电饭煲以 31 票位列第一。

格力研发人员说："为了做出好吃的米饭，我们做了大量的蒸煮实验，光实验室用掉的各种米就多达 4.45 吨。"

为了自主研发自动化装备，格力每年的投入都在 50 亿元至 60 亿元，累计投入 150 亿元。

格力自 2003 年便开始引入自动化理念，公司内部曾提出 "3 至 5 年实现无人车间" 的口号。在具体的专攻方向上，格力锁定了机器人和精密机床两大领域。

目前格力的自动化产品，已经涵盖工业机器人及集成应用、伺服机械手、数控机床、智能物流与仓储设备、智能检测设备、自动化生产线、服务机器人、工业零部件等 10 多个领域，共 100 余种规格产品。2015 年产出智能装备 2000 台套，超 5 亿元。

广为人知的格力画时代空调、光伏空调、大松 IH 电饭煲与晶弘瞬冷冻冰箱，以及由这些电器组成的"格力智能环保家居"系统，堪称中高端"中国造"的典型之作。

滴滴出行：共享经济

共享经济从狭义来讲，是指以获得一定报酬为主要目的，基于陌生人且存在物品使用权暂时转移的一种商业模式。

这其中主要存在三大主体：商品或服务的需求方、供给方和共享经济平台。共享经济平台作为移动互联网的产物，通过移动 LBS（基于位置的服务）应用、动态算法与定价、双方互评体系等一系列机制的建立，使得供给与需求方通过共享经济平台进行交易。

据统计，2014年全球共享经济的市场规模达到150亿美元。预计到2025年，这一数字将达到3350亿美元，年均复合增长率达到36%。

与传统的酒店业、汽车租赁业不同，共享经济平台公司并不直接拥有固定资产，而是通过撮合交易，获得佣金。这些平台型的互联网企业利用移动设备、评价系统、支付、LBS等技术手段有效地将需求方和供给方进行最优匹配，达到双方收益的最大化。

共享经济的本质——整合线下的闲散物品或服务者，让他们以较低的价格提供产品或服务。对于供给方来说，通过在特定时间内让渡物品的使用权或提供服务，来获得一定的金钱回报；对需求方而言，不直接拥有物品的所有权，而是通过租、借等共享的方式使用物品。

在全球范围内，共享经济龙头已经形成，说明共享经济的商业模式已经成熟。Uber和Airbnb是全球共享经济产业内的两大龙头，在经过3年迅猛发展后，两家成立不到10年的企业，当前估值已经分别达到510亿美金和255亿美金。其中，Uber公司成为全球估值达到500亿美元用时最短的公司（5年零11个月），并超过小米成为全球估值最高的非上市科技公司。Uber没有一辆自己的车，却是世界上最大的出租车公司；Airbnb没有一间自己的客房，却是世界上最大的住宿供应商。

可以预见，共享经济将成为社会服务行业内最重要的一股力量。在住宿服务、交通服务、教育服务、生活服务及旅游领域，优秀的共享经济公司正在不断涌现——从宠物寄养共享、车位共享到专家共享、社区服务共享及导游共享等。新模式层出不穷，在供给端整合线下资源，在需求端不断为用户提供更优质的体验。

共享经济，从字面意思上看，我们第一想到的肯定是它的成本低。这里举一个例子。

在国内的租车领域，我们都知道神州租车，这是典型的传统租车公司，他们会向汽车厂商购置一批车辆，编制在自己的租车公司上，然后再租一块场地来停放这些车辆，同时为了做好客户端的服务，神州还要在各个城市建立线下的网点，以便提供服务。这些不论是时间成本还是资金成本都是巨大的，所以我们在神州租车上租到的车费用会很高。

那么有一家公司，它叫PP租车，它的模式是一种共享经济的模式。它没有线下的门店，没有自购车辆，只是一个撮合平台，车子都来自社会上的车主。没有购置车辆的费用，没有停车场的费用，让用户在PP租车上的成本非常低，所以PP租车上的费用会比神州租车便宜很多。

雷军曾经说，站在风口猪都能飞，共享经济就是未来5-10年的这个风口之一。我们从资本市场对这个领域的投入就可以看出来，Uber今年融资10亿美元，而Airbnb同样在今年融资10亿美元。这些都是资本市场看好这个领域的征兆。

就国内而言，共享经济的发展也是相当快速的。滴滴出行就是中国共享经济当之无愧的代表。

众所周知，中国人的出行环境一直不好，尤其是生活在大城市里的人，经常面临打车难的问题。另一方面，由于传统出租车的垄断地位，也导致传统出租车司机对于服务质量一直不够重视，这一点加重了人们对传统出租车的不满。两方面的原因促使滴滴打车等打车软件应运而生。

滴滴打车，是中国的打车平台。它被客户称为手机"打车神器"，是一款深受用户喜爱的打车软件。一方面通过滴滴打车，用户可以享受更优质的出行服务，比如更高级的车、态度更好的司机；另一方面，通过滴滴打车，可以享受一定程度的优惠，这是属于用户的福利，对于广大的私家车司机来说，也可以在下班时间得到一份额外的兼职收入，从而实现共享模式。

目前，滴滴已从出租车打车软件，成长为涵盖出租车、专车、快车、顺风车、代驾及大巴等多项业务在内的一站式出行平台。

与滴滴打车类似的公司还有一家，名叫"快的打车"。2015年2月14日，滴滴打车与快的打车进行战略合并。2015年9月9日，滴滴打车对媒体宣布，公司名称正式变更为"滴滴出行"。

2016年1月11日，滴滴公布了2015年订单数，声称超过Uber（优步）成立6年累计的10亿订单数——"在过去一年里，滴滴出行全平台（出租车、专车、快车、顺风车、代驾、巴士、试驾、企业版）订单总量达到14.3亿，这一数字相当于美国2015年所有出租车订单量（约8亿，数据来源：IBISWorld及Statistic Brain）的近两倍，更是超越了已成立6年的Uber（优步）

刚刚在去年圣诞节实现的累计 10 亿订单数。"滴滴战略负责人朱景士也曾在公开演讲中说，滴滴花了不到对手 1/4 的钱就保持了这个规模。

1 月 26 日，招商银行、滴滴出行联合宣布双方达成战略合作，未来双方将在资本、支付结算、金融、服务和市场营销等方面展开全方位合作。这是第一次，也是第一家商业银行通过与移动互联网公司合作进入移动支付场景领域。

6 月 16 日，滴滴出行宣布，已完成新一轮 45 亿美元的股权融资，包括今年 5 月苹果 10 亿美元的投资（这是苹果公司首次向中国互联网公司投资，也是迄今滴滴获得的最大单笔投资）。新的投资方还包括中国人寿（3 亿美元）、蚂蚁金服、腾讯、阿里巴巴及软银等，可谓风投强劲。

6 月 21 日，2016（第十五届）中国互联网大会在北京召开，滴滴出行总裁柳青发表了主题演讲。柳青表示，目前我国的移动智能出行渗透率仅为 1%，还有巨大的市场空间，今天滴滴想做的事情就是通过技术手段把社会上所有资源整合在一起，满足共享出行的需求。

柳青在谈到滴滴的大数据时表示，滴滴每天处理 70TB 的数据，每天 90 亿次的路径规划，每秒钟有上千次的用车需求。大数据直接支撑了滴滴出行每天 1400 万张的日完成订单，聚合了 1500 万的专兼职司机，其中更是有近 200 万司机将滴滴作为主要收入来源。

滴滴无疑成为中国共享经济的巨头。除此之外，我们再介绍一家，那就是近日比较火的闲鱼。

闲鱼是"淘宝二手"的移动客户端，在 2014 年 6 月份全面改版后才以"闲鱼"的名字重新上线。简单地说，就是在淘宝的大旗下卖二手产品。

2015年11月25号，闲鱼在资本市场估值超过30亿美元。这个成立不足两年的二手业务市场已获得红杉中国、IDG资本等多家重量级投资基金的青睐。

2016年3月26日，闲鱼公布了数据成绩：超过1亿用户访问和使用过闲鱼；平台上有超过12.5万个鱼塘在运转；来到闲鱼的用户有43%的人会在闲鱼上进行各种形式的互动；总分享交易出去的物品为1.7亿件。

闲鱼还做起了社区，主要动作是鱼塘制度，这是用户UGC（用户生成内容）运营的一个个圈子，每个圈子都有标签，可能是地方，可能是兴趣，可能是话题。

这其中主要有两大类：一是本地化的社区，例如北京天通苑的"中滩村"鱼塘，用户数已达3.4万人，许多二手交易就是在同城、同区和邻居之间产生的，闲鱼通过UGC模式，让这些线下社区的交易更便捷、安全、透明，所以本地化鱼塘需求很强烈。

二是兴趣化的社区，闲鱼拥有大大小小数十万个兴趣鱼塘，比如，玩自行车的、玩数码的、玩游戏的，都有自己的圈子。

为了增强社区氛围，闲鱼也在产品和运营上鼓励用户与用户之间，发生更多与交易无关的互动，还引入群聊等功能。良好的社区氛围无疑会增加交易量。

根据第一财经《2016年分享经济发展报告》的数据显示，自2015年4月试水以来，闲鱼每天人均互动高达12次。

在3月26日的"闲鱼塘主大会2016"上，阿里集团旗下的闲置交易社区闲鱼宣布，将先期投入1亿元资金开展"百城千集"计划，未来一年将在交易密度最高的 100 座城市，举办 1000 场闲鱼集市。

当然，闲鱼有很多优势，可谓是含着金勺长大。阿里的流量、资金与支付闭环，以及二手交易不可或缺的信任，都让其在众多二手交易平台中拥有先发优势。唯一的不足是闲鱼从诞生起一直未被重视。

就是在这样的情况下，闲鱼异军突起。现在，闲鱼与钉钉等业务并列一起被称为阿里巴巴"四小花旦"，它是阿里巴巴的新兴业务。这也促使阿里巴巴提出了社区化、内容化、本地社会化的发展战略。

6 月 18 日，这是"京东 618 购物节"。闲鱼搞了一个"618 闲置狂欢节"，其参与 618 的形式与京东主动降价不同，它们组织了 20 万个鱼塘的用户参与活动，组织了 1142 万"渔民"卖闲置。手机、耳机、电脑等产品是重点品类，主题为"品质够低价"，例如，iPhone 6 只要 2000 元、MacBook 只要 3000 元。这被一些评论视作是"小淘宝蛋突袭京东"。

闲鱼负责人湛伟业接受公开采访时说："闲鱼对干掉京东没有任何兴趣，我们要做的是颠覆淘宝。"

可以看到，闲鱼正在创新路上迈进，我们有理由相信淘宝的未来是光明的。

从小米、海尔、华为、滴滴出行，到其他著名公司，可以发现，它们就像一个个筑梦者，不断给中国和世界带来惊喜和改变，不断地引发新的潮流。在它们的背后，是雷军、张瑞敏、任正非、柳青等老中青三代企业家，他们当之无愧地成为这个时代的筑梦师。

毋庸置疑，每一个企业家都是筑梦师。当他们以及更多的筑梦师勇敢智慧地绘就出自己的梦想后，一个庞大的中国梦也就能实现了。

THE
CHINESE
DREAM

第三章

流的水是活水，走的路是活路

打破枷锁，解放思想

当下，中国的企业家在促进国际经济转型、企业创新、提供更高品质产品、惠及更多人等方面做出了重要的贡献，在国家提倡"中国梦"的时代背景下，真正做到了筑梦师的角色，引世人瞩目。

现在，社交媒体上流行一句话，叫"勿忘初心"。企业家拥有如今的辉煌，都有一个积累的过程。当中国企业家走得越来越远的时候，我们就应该回想一下过去筚路蓝缕的日子。中国梦不是一个突然冒出来的概念，它有起点，有各种阶段，有许许多多的细节。

当我们今天提起中国梦的时候，也许不会很受触动，因为它实在是顺理成章的，它是我国经济发展的必然结果。我们一时还无法理解它的深厚内涵，就像年轻人很难理解老年人的情感世界一样。然而，中国梦的深厚内涵实际上一直被我们遗忘。

所以，我们要回到梦开始的地方，去追忆过去的点滴，牢记历史的教训与经验。只有这样，才会在未来走得更踏实、更有力。

一切的渊源还是得从中国当代历史上最近的一场巨变说起，一切都从一个中国企业家普遍崇敬的中国政治家说起，那就是邓小平。

邓小平高举改革开放的大旗,将这个长期以阶级斗争为主、积贫积弱的国家,转移到了以经济建设为主的轨道上来,并且打开了封闭已久的国门,迎接世界八方宾朋,改革开放的春风一夜之间吹遍神州大地。

可以这样说,中国历史上有两位赫赫有名的改革家——古代的商鞅和当代的邓小平。他们生活的年代虽然相距两千多年,但是他们面临的时局和社会问题却有诸多相通之处。

值得强调的是,商鞅和邓小平有本质上的不同,"商鞅变法"维护的是统治者的利益,而邓小平则解放了中国平凡的大众。

在1984年的中华人民共和国成立35周年的庆典上,在天安门广场游行的队伍中,科学院校打出了"小平你好"的大幅标语,说明邓小平的改革深得民心。

1978年对于中国来说是改变命运的一年,举国上下百废待兴,中国这个有着辉煌历史却又饱经磨难的国家又一次焕发生机。

邓小平提出了治国八字方针——"解放思想,改革开放"。这八个字的口号像一声巨响的春雷,惊醒了无数在精神上与思想上被压抑而冬眠着的人。

首先是习仲勋。1962年9月,因所谓的《刘志丹》小说问题遭康生诬陷而被关押、监护长达16年之久,却始终保持坚定的共产主义信念的习仲勋,在这声春雷之后,得到了彻底的平反。

1978年3月,习仲勋当选第五届全国政协常委,同年12月被增选为中共第十一届中央委员。1979年初春,任广东省人民政府省长。此时的他,虽然已经是 66 岁的花甲之年，却意气风发、精神振奋、满怀信心，全身心地投入到改革开放的工作中。

习仲勋在应邀出席中央政治局常委会时，决定抢先一步，勇敢带领广东人民踏上改革开放的风口浪尖。习仲勋经过各方面的研究和分析，在汇报工作时大胆提出自己的意见："现在中央的权力过于集中，地方上感到事情很难办。没有权，办事很难。"

当时，主持会议的时任国家主席华国锋问："仲勋同志，你们广东究竟想要什么权？"

会议上的气氛突然变得紧张起来，习仲勋知道，自己的这个设想可能过于"激进"，很难获得认同。但是，当他想到这正是广东需要改写命运的关键机遇，因为广东的改革已经没有退路，所以，他必须坚持。他终于亮出了自己的底牌："我代表省委，请求中央允许在毗邻港澳边界的深圳、珠海与重要的侨乡汕头市各划出一块地方，搞贸易合作区。"

曾在陕甘宁边区革命了大半生的他索性把话说彻底，他语出惊人地说出一句让在场所有人都振聋发聩的话："如果广东是一个独立的国家，可能几年就搞上去了，但是，在现在的体制下，就不容易上去。"

这句话就算放到现在，也没有几个人敢说。自改革开放开始至今，只有他一个人敢说。

"广东希望中央给个新的体制和政策，这样广东几年就能搞上去。广东是一个大省，等于周边的一个甚至几个国家呀，但现在省的地方机动权太小了，国家和中央部门统得过死，不利于国民经济发展。我们希望，中央给点权，让广东先走一步，放手干。这样做，对地方有利，对中央也有利呀。"习仲勋继续说。

实际上，这也是当时广东省省委常委的一致意见。习仲勋知道，即便邓小平没有主持这次会议，但是，邓小平是改革的主心骨，要实现广东试水改革，必须要见邓小平。出乎预料的是，就在那天下午，邓小平就悄悄接见了他，并仔细地听了他对广东改革的设想。

邓小平安静地听，并不停地抽烟，显然是在思考。末了，邓小平对习仲勋说："过去陕甘宁边区就叫特区嘛，你不是陕甘宁特区的代理书记吗？在你们广东划出一块地方来，也搞一个特区！怎么样？中央没有钱，你们自己去搞，杀出一条血路来！"

1978年，中央领导以"两个凡是"作为政治主张和方针，在中国当时还十分僵化、教条主义盛行的环境下，试图在政治和经济两个领域恢复保守的意识形态。不过，随着中央领导结构的转变和领导人的换届，以及邓小平就任全国政协主席之后，国家的格局开始起了变化。同时，中央的领导方针也跟着改变成了"实践是检验真理的唯一标准"。

1978年5月，一篇题为《实践是检验真理的唯一标准》的文章在《光明日报》上刊登发表了，这篇文章在全国引起强烈反响，同时被新华社全文转发。邓小平看到之后，对此十分重视，他认为这是一篇属于马克思主义精神的文章。随后在全国军区委员会政治会议上，他又借此文章严厉地批评了党中央内部存在的教条主义。他说"打破精神枷锁，使我们的思想来一个大解放，是十分有必要的"。

"真理检验标准"问题的讨论，使全国兴起了一场重新认识马克思列宁主义的热潮。可以说，中国企业日后的发展和建设都是以"实践"为起点和标准的，这正是这次全国性的思想大解放的意义和作用。

随着十一届三中全会的召开，党中央真正形成了以邓小平同志为核心的新一届领导班子。在这次大会后，一大批在"文革"中蒙受冤屈的政治家在随后的两年内得到平反。

1978年，邓小平访问日本和新加坡，试图寻找一条能让中国迅速崛起的道路。邓小平在访问新加坡后的第二年里，在一次演讲中提出了有关"外资引进"的问题和"让中国一部分城市先富起来"的论点。这些论点在当时并没有引起很大重视。现在我们再回过头来看这些历史和资料，就会知道在特区经济建设这个问题上，邓小平考虑了很久，他是一个深思而慎行的人。

1979年3月，深圳特区正式建立，在这里，我们不得不提到一个叫袁庚的人。袁庚是招商局第二十九任董事长，1978年他担任交通部外事局副局长一职。一接手招商局，袁庚就向中央提交了一份名为《关于充分利用香港招商局问题的请示》的大胆报告，他在这份报告里提出了要在深圳蛇口建立蛇口工业区，他提出的对外开放的观点与中央领导想要对外开放的打算不谋而合。第二年一月份，袁庚直接从深圳飞往北京中南海与中央领导面谈，中央领导对这份报告十分重视，立刻答应了袁庚的要求，将蛇口整个半岛都划给袁庚。这就是日后中国著名的蛇口工业区的发展由来。

袁庚在蛇口所推行的诸多观念十分超前。比如，时间就是金钱，效率就是生命。

蛇口工业区的建立直接促进了国家对建立深圳特区的进程，同时，袁庚为蛇口工业区争取的两个权利（一是可以自主审批500万美元以下的项目；二是允许向外资银行贷款举债），为中国对外开放和特区经济的发展做出了重大贡献。

在战争时期，老一辈革命家为创建新中国抛头颅、洒热血。在经济建设时期，老一辈革命家仍心甘情愿地为祖国的改革大业做奠基石。在新时代的建设中，离不开这些有胆有识的领导者，除了邓小平、习仲勋这些中央领导之外，还有任仲夷、袁庚、项南这些新锐普通干部。

我们不得不敬佩那一代中国领导人，他们在当时困难的历史条件下抓住了新的机遇，他们拥有那个时代最为宝贵的变革精神和远见。

让池塘的水流动起来

现在五六十岁的人都知道，那个时期的中国与世界之间的关系就像一个池塘和一条河，河水在不断地流动，而池塘的水却始终停在那里，河水想进去，池塘的水想出去。如果我们将经济比喻成水的话，那么当时中国的经济就像这个池塘里的水，它是封闭的，与河流里的水基本没有什么关系，这便是计划经济。

通过人民的奋斗，国家已经从落后的农业国成长为一个真正的工业国。但是，实行了二十余年的计划经济体制显然开始束缚国家生产力的发展，影响人民生活水平的提高，到了20世纪70年代末，中国的经济建设陷入了停滞之中。据相关资料表明：从1958-1978年的20年间，中国农民的人均收入增长不到2.6元，城镇居民人均收入增长不到4元。

所以，当时经济不发达、生产力落后、企业没有活力等问题十分突出，整个国家都处在一种与世隔绝的状态里，中外的差距越来越大。

尽管国家从1976年开始已经在政治上清理了坚持极"左"路线的"四人帮"，但是仍旧没有从根本上解决中国落后的现状。

1978年，美国华盛顿记者马修斯考察了中国的企业。他撰写的一篇名为《尽管宣布要对工厂进行改革，工作仍然松松垮垮》的报道刊登在美国著名报纸《华盛顿邮报》上。

从他的文章中，我们可以看到这个时期的中国企业的具体情况："就业保障、退休金保证以及其他一些好处促使中学毕业生拼命挤进工厂去工作，因此，许多人都挤进了本来就已经过多的工人行列。生产线上工人过多，工人长时间地闲着。"

在文章最后，马修斯总结道："这种松松垮垮的工作态度，仍然是妨碍这个世界上人口最多的国家实现现代化的一个主要障碍。"

更为夸张的是，中国企业的落后程度与发达国家的水平有些甚至不是几年、十几年的差距。

在四川的一家炼钢厂里，已经诞生140多年的蒸汽式轧钢机仍在使用，前去考察的记者惊讶地说："这是一家将博物馆开成工厂的炼钢企业。"这样的情况并不少见，落后的经济水平无法让企业拥有更大的资金购买先进的设备投入生产，20世纪70年代的中国企业随处可见20多年前的机器仍在使用——尽管它们看上去很新，用起来完全没有问题，因为在过去的20年间它们极少被启动用于生产，多数处在闲置的状态。

一个日本记者在一篇考察中国的民航发展状况的文章中写道，常常出现"幽灵班机"，时刻表上明明标注有的班机那天却没有，不曾写明的班机却可能降落在目标机场，这让前来中国的外国友人大为困扰；其次，机场的服务水平相当差，既无法对乘客做出明确的表达和解释，同时专业的服务人员少之又少。在一些地方性机场如沈阳、哈尔滨等甚至都没有水泥的起飞跑道，一到下雨天飞机不得不转到邻近的城市，因为泥泞的道路根本无法让飞机正常降落。

经济是人们普遍关心的。国有企业工人吃大锅饭，生产积极性很差，生产一直踌躇不前。缺乏科学的管理方式，整个国有企业的内部组织结构十分混乱。

针对中国落后的经济现状，邓小平清楚地认识到经济改革势在必行。所以，发展工业、发展现代化企业成为当时中国经济改革迫切需要解决的问题。面对着落后的中国，这个身高只有一米六多的伟人，将在随后的20年里带领中国人民谱写出属于中国的经济蓝图。

在"文化大革命"长达十年的影响下，中国的科技和教育十分落后，青年没有机会接触更好的教育，思想变得僵化。在"四人帮"的极左倾政治路线下，被埋没和流失的人才不计其数。

所以，首先的任务是"解放"中国的知识分子。

知识分子是我国科技事业突飞猛进的头等功臣。1964年10月16日新疆罗布泊核武器试验场，中国第一颗原子弹成功爆炸。中国成为世界上第5个拥有核武器的国家，极大地提高了中国的国际地位和影响力。1967年6月17日，中国第一颗氢弹又在罗布泊上空爆响。从原子弹到氢弹，法国用了8年、美国用了7年、苏联用了4年，而中国仅仅用了2年零8个月。然而，在我们科技事业发展正值阳光灿烂之时，"文革"发生了。这使我国的科技发展遭到了前所未有的打压。

1978年3月18日，新中国成立以来的首届全国科学大会在北京举行。这是邓小平当上政协主席后，针对落后的经济状况和科技水平所主办的第一个大会。这次大会非常成功，国内国外，距离北京几千、几万公里的科学家，都赶来参加了。参加大会的人共7000左右，当时北京所有宾馆都爆满了。华罗庚、严济慈、钱三强、钱学森等著名科学家也都出席了大会。

开幕式上，邓小平同志提出"科学技术是生产力""科学技术现代化是实现四个现代化的关键""知识分子是工人阶级的一部分"等重要论述。在闭幕式上，86岁高龄的郭沫若，以中国科学院院长的身份出席并发表了书面讲话——《科学的春天》。

郭沫若最后的发言中讲道:"日出江花红胜火,春来江水绿如蓝。"预示着中国的知识分子迎来了全面施展才华的时代。

据统计,1978年国家科研人员的平均年龄为56岁,全国45岁以下的科研人员都是凤毛麟角。大海之所以博大宽广,是因为不断有河流注入,河流之所以能流到大海里,是因为不断有四面八方的小溪注入。事实证明,国家严重缺失年轻的科研人员。

1978年,国家全面恢复高考,并新增50多所高校。而且,考试制度和考试成绩开始公开化、透明化。这些举措不但体现了国家对人才培养和选拔的重视,同时还体现了国家用人遵循公正、公平的原则。对于很多人来说,现实照见了他们的梦想。

据教育部的资料记载,1978年参加全国高考的人数高达610万,录取了40.2万,录取率为7%。在这610万的考生中,国家确实发掘了大量人才,值得一提的则是华南理工学院(后改名为华南理工大学)。

1978年,华南理工学院无线电班迎来了新的一批学生,这些学生来自五湖四海,他们的年龄阶层也差距很大,其中最老的学生已经40多岁,而最年轻的则只有18岁。有意思的是,这个班诞生了日后中国彩电的三家霸主企业的创始人,他们分别是来自广东的陈伟荣、李东生以及来自海南的黄宏生。日后他们分别建立了康佳、TCL和创维三家彩电公司,他们生产的彩电全国驰名,在最鼎盛时期能够达到全国40%的市场份额。

在邓小平的大力倡导下，1978年，除了恢复高考以外，国家还做出一个重要决定。同年12月26日，中国第一批赴美留学访问学者，共52名，登上了飞往美国的飞机，他们将在美国开始为期两年的学习、考察和访问。

此后，中国又扩大派遣留学生，陆陆续续向发达国家输送500多人进行学习和深造。从这以后，中国出国留学的大门终于打开，中国正式走向世界，中国教育在与世界隔绝了多年之后，正式开启对外合作与交流的新征途。出国留学很快从细流小溪演变成巨大洪流，它不仅打开了人们的眼界，激发了中国改革开放的活力，同时也成为中国对外开放的前奏。

1978年8月，中国科学院院士、北京大学教授王选领导研制出"华光型大型计算机激光汉字编辑排版系统"。该系统是世界上第一个能用大屏幕整页编排组版中文日报的系统，实现由热排到冷排、由铅印到胶印的转变。该成果被誉为"汉字印刷术的第二次发明"，并于1985年被评为中国十大科技成就之一，1987年荣获国家科技进步一等奖。

邓小平对"汉字激光照排系统"的研究给予了充分的肯定和支持。当彩色激光照排系统在海内外报业领域进入实用阶段时，中央领导高度重视，并派江泽民亲临北大方正集团视察，给予王选和北大方正集团很大的鼓励。

"汉字激光照排系统"使我国在这个领域里处于国际一流地位，这为我国的新闻、出版行业信息化奠定了基础，并实现了我国的印刷革命。王选也是第一批将科研技术推向市场的人，通过创办方正集团，实现了中文激光照排技术的产业化，不仅实现了经济效益，还给知识分子带来了思想的变革，推动了中国高科技产业化的发展。

可以看到，随着中国政治家群体的思想解放，知识分子也迎来了思想的解放。知识分子是中国未来企业家的主力军，他们终将全面改变中国。

杀出一条血路

变化首先从农村开始。新中国成立以来，广大农村一直实行人民公社制度，吃"大锅饭"长达20多年，可以说，这不仅是一种制度，更是一种习惯。然而，这种不合理的制度，导致农业生产效率低下，农作物产量很低，对老百姓的生计造成了威胁。

在这样的情况下，1978年的一个冬夜，18户村民签下"生死文书"，该村18个人按下手印，搞起"包产到户"，一时间，惊天动地。就这样，安徽省的小岗村开始了一次冒险的尝试，率先开始了家庭联产承包责任制的改革。

家庭联产承包责任制把中国农民长久被束缚的能量释放了出来，小岗村的试验受到了安徽省省委书记的重视，他宣布在安徽全省推广包产制，并以小岗村为例向中央提出农村改革方案。就这样，中国农村的改革开放第一枪打响了。

小岗村人，从一开始的偷偷摸摸到得到政府的支持，用了短短几年时间。随后，家庭联产承包责任制在全国广大农村正式推广。

历史是奇妙的。小岗村改革成功的同时，农村的部分集体企业在经济变革中也生存了下来，甚至不断发展壮大。在这一方面，江苏省华西村的吴仁宝，是最著名的人物之一。这类集体企业在乡镇政府的领导下，渐渐发展成具有相当规模的集体经济团体。

当然，华西村的发展一直是充满争议的。从60年代开始，华西村就有了一定发展。但自从华西村成名后，一直都饱受非议，不少政治大帽子都扣在华西村身上。一直到1979年，华西村还被污蔑为"假典型"。所以，华西村一直是在舆论的夹缝中生存的。

1980年冬季，吴仁宝带领村民把全村600亩粮田由30名种田能手集体承包，将绝大多数劳动力转移到工业上去。当年，华西村的销售产值就达到1亿元。

吴仁宝对国家政策一直保持敏锐的嗅觉，他每天早晨6点30分准时收听广播新闻，晚19点准时收看《新闻联播》，即便出差在外也雷打不动。一个广为流传的故事，说吴仁宝"一个会议赚了一个亿"，其实是在1992年3月初的一天，邓小平南巡讲话播出后，吴仁宝当天夜里2点钟就召集党员干部开大会，发动全村人立刻奔赴全国各地用尽各种办法购进原材料。果然，待到3月11日讲话精神传达到基层，原材料价格迅速上涨几倍。

2013年3月18日18时58分，中共江苏省江阴市华西村党委书记吴仁宝因患肺癌医治无效在华西村家中逝世，享年85岁。吴仁宝从1957年担任华西村党支部书记以来，把一个贫穷落后的小村庄建设成享誉海内外的"天下第一村"，充分显示了一代企业家的远大情怀。

除此之外，还有以鲁冠球为代表的自主创业的企业家。这种企业的特点在于，企业成果多属于领导者个人的创造。

1969 年 7 月，24 岁的鲁冠球带领 6 名农民，集资 4000 元，创办宁围公社农机厂。1983 年 3 月，鲁冠球为了获得自主创业、自主经营的权力，以自家自留地里价值 2 万多元的苗木做抵押，承包了集体的厂子。1984 年，鲁冠球以企业名义打报告，要求实行股份制，但没被上级批准，他就土法上马，让内部职工入股。在新中国的企业史上，鲁冠球是产权意识最早苏醒的企业家之一。

鲁冠球和吴仁宝一样十分关注国家政策的变化，他看到《人民日报》的一篇社论《国民经济要发展，交通运输是关键》，便判断中国将大力发展汽车业。于是他决定砍掉其他项目，专攻万向节，所以他的事业起步是从汽车底部一个不起眼的零件开始的。他的万向集团跌跌撞撞，最后成长为中国最有名的乡镇企业之一。

2015 年 10 月 15 日，2015 胡润中国百富榜发布，鲁冠球及其家族以 650 亿元位列第十。

以吴仁宝和鲁冠球为代表的中国企业家的第一次亮相，一方面搅活了沉睡的市场，另一方面却也让体制中的国营企业感到巨大的竞争压力。"原材料被抢走，市场被抢走，好日子过不下去了"，有人这样说。乡镇企业与国营企业争夺市场的矛盾已经变得非常突出。

当时，一部分保守的国内经济学家用"笼子理论"说服中央高层，收紧经济改革。他们将民营企业定论为"笼子外的野鸟",提倡要大力约束"野鸟"。

1981年1月,国务院接连发出八份文件,其中有七份涉及对企业的整顿,而且主要是对体制外的乡镇企业的整顿。到了夏天,国家又发出两份文件,一份是《加强市场管理、打击投机倒把和走私活动的指示》,另一份是《关于调整农村社、队企业工商税收负担的若干规定》。文件明确规定,如果乡镇企业脱离了为农服务的方针,国家就要收回对其减免税的优惠政策。

"笼子外的野鸟"这一定论,使刚刚萌芽的乡镇企业和民营企业在温暖的春天遭受了第一次寒流的袭击。

多年以后,著名科学家、教育家钱伟长来到鲁冠球的万向集团考察,当钱伟长和鲁冠球对话时,鲁冠球不由自主地提到当年做"二等公民"的感受:我们这种乡镇企业身份,经常受到种种限制,就是低人一等。我到一汽、二汽去,人家不让你进去;我们要乘飞机去北京办事,飞机票不能买,要有省级的证明信才能买飞机票。那时,还经常遇到原料紧缺的问题。原先签订的一些订货合同都被终止了,理由只有一个,根据上级的规定,人家不能再进乡镇企业的产品。

对于鲁冠球和其他很多乡镇企业家来说,那时的日子很不容易。他们当时所遭遇的困难不仅是和国营企业争原料、抢市场,还要解决人才的问题。

著名的财经作家吴晓波对此回忆说:"到礼拜天的时候,他们开了一个车到厂里,把国营企业里面的工程师,用车子接到自己的乡下,来建设自己的工厂。"

中国民营企业虽受到国家和政府的鼓励,但是由于改革的不完善和不成熟,中央对民营企业的定位和态度仍不够明显,这些"野鸟"们,就是这样在重重限制中寻找着缝隙生长着。

第一次吃螃蟹的人

对于吴仁宝和鲁冠球而言,他们有一个优势,那就是有集体企业的底子。除此之外,他们把握国家政策的能力非常强,而且有着丰富的企业管理经验。但对于那些两手空空的人来说,创业所需要面对的困难更多,所以,他们才是"第一次吃螃蟹"的人。螃蟹对他们来说是不明物种,他们完全是凭借自己的勇气和胆量在尝试。

1981年8月1日,安徽芜湖一个闹市区的小摊,里三层外三层地挤满了人。在人群的中心是一个头发蓬松的中年男子,他正在忙碌地给顾客称售瓜子。这个人就是后来被称为"中国第一商贩"的年广久,他创造了当时中国家喻户晓的品牌"傻子瓜子"。

年广久出生在一个商贩家庭,自从9岁开始就跟着父亲走南闯北,叫卖街头。年广久做生意十分厚道,甚至傻,例如允许顾客先尝后买,称重后经常多给顾客一点。慢慢地,他被人叫成了"傻子"。

也因此,傻子瓜子十分畅销。在1978年的中共十一届三中全会即将召开之时,年广久的炒瓜子小作坊已经发展成100多人的"大工厂"。出于对时局的不确定，妻子强烈反对他再做下去，而年广久以一个商人的本能，还是奋不顾身地干着。

不过，年广久很快就遇到了大麻烦。1983年年底，有人把年广久雇工的问题反映到上面，于是，年广久是"资本家复辟"，是"剥削"的说法很快传播起来，安徽省委派专人到芜湖调查年广久，并写了一个报告上报中央，这个报告还惊动了邓小平。

1984年10月22日，邓小平在中央顾问委员会第三次全体会议上明确指出：前些时候那个雇工问题，相当震动呀，大家担心得不得了。我的意思是放两年再看。那个能影响到大局吗？如果你一动，群众就说政策变了，人心就不安了。让傻子瓜子经营一段，怕什么？伤害社会主义了吗？

邓小平竟然对一个小商贩直接点名保护，可见当时的改革阻力之大。邓小平能够保护年广久一时，但改革开放初期的多变和不完善的政策却没有让年广久从此一帆风顺。1986年春节前，傻子瓜子公司在全国率先搞起有奖销售，并以一辆上海牌轿车作为头等奖，从而3个月实现利润100万元。不过，中央很快下文停止一切有奖销售活动，这让年广久的销售计划大乱，公司因此赔了个血本无归。

麻烦接踵而至，1987年底，芜湖市正式对年广久的经济问题立案侦查。到1991年5月，年广久被判犯"流氓罪"，判处有期徒刑3年，缓刑3年。

令人意想不到的是，邓小平又一次出面保护了他。邓小平说：农村改革初期，安徽出了个傻子瓜子问题，当时许多人不舒服，说他赚了100万元，主张动他，我说不能动，一动人们就说政策变了，得不偿失。

邓小平在著名的南方讲话又一次提到傻子瓜子，从而让年广久起死回生。1992年，年广久因经济问题不成立而获释。

年广久一生三次获罪，罪名分别为"投机倒把罪""牛鬼蛇神""流氓罪"，而拯救他的竟是德高望重的邓小平，这不得不让人唏嘘。

如今，年广久已经退休，他这一生的经历足够传奇。当然，年广久的故事绝不是个例。

那是1982年年初，中央政府刚刚下发了紧急通知，要求在全国范围内打击严重经济犯罪活动。当时的柳市镇，是温州个体经济异常活跃的地方，镇上几乎每家都有生意做。从上海和其他地方来进货的生意人络绎不绝，导致街道拥挤不堪。

很快，国家七部委突然进驻温州柳市镇，并以"投机倒把罪"查处了当时八位被称为"大王"的个体业主。他们分别是"电机大王"胡金林、"线圈大王"郑祥青、"螺丝大王"刘大源、"目录大王"叶建华、"矿灯大王"程步青、"电器大王"郑元忠、"合同大王"李方平和"旧货大王"王迈仟。这件事就是改革初期著名的"八大王事件"。"八大王"是贬义，八实际是疤或巴，指无赖的意思，即无赖大王。"八大王"都受到了不同程度的处理，判刑最重的达7年。

温州，这片民营经济的热土，因"八大王事件"在全国范围内备受人们的指摘。

"八大王"中，日后稍有成就的是"电器大王"郑元忠。他被查处后，就开始了亡命天涯之路，还遭到了全国通缉。1983年9月，他被公安捕获。一直到1984年3月27日，被关押了整整186天的郑元忠才无罪释放。释放当天，他顾不得回家，直接跑去了柳市镇工商所，将为其平反的"一号文件"看了一遍又一遍，确定自己没事了，才放下心来。出狱后，他重操旧业。多次创业后，他创办了后来被视为温州"明星企业"的庄吉集团。

不过，2015年9月11日，郑元忠苦心经营的庄吉集团宣布倒闭。郑元忠较得民心，倒闭之时他公开表示"不跑路，欠钱慢慢还！"集团其他高层谈到郑元忠时也十分拥护，公司旗下的5000名员工也没有讨薪闹事。不管怎样，郑元忠是改革开放初期的见证者之一。

除了这些来自体制的干扰之外，企业家当然还要面对市场的竞争，这也是相当残酷的。

创建于1967年的盐城无线电厂（燕舞集团前身）直到1981年还是一个只能装配收音机的小厂，曾任燕舞集团副总经理的王伯陶老人回忆说，1982年，燕舞员工历经千辛万苦，终于在全省第一个研制出燕舞收录机，并且在国内一炮打响。随后的几年，燕舞通过形象宣传、苦心经营，销量连续8年居全国收录机行业首位，成为我国知名度最高的音响品牌。盐城一举发展成为全国最大的收录机生产基地。

那几年，好多人不知道盐城，但知道燕舞。每到春节前一个月，厂子门口就聚集着来自全国各地等待拉货的大卡车，有的人甚至等到了大年三十的晚上。如果厂里的工人想买台燕舞牌收录机，也必须拿到厂长的签字。当时，工厂里的工人多达5000余名，工人的收入很高，以至于很多政府机关人员都争着到燕舞上班。

曾经做过车间主任的老工人董维礼说：燕舞是盐城第一个给员工发毛料服装、第一个组织干部到国外学习考察、第一个销售收入超亿元的企业。

不过到了90年代初，随着CD、VCD等新型家电音响产品的出现和普及，国内收录机市场逐渐缩小，而此时的燕舞集团在产品的开发和更新方面已经落后，加之内部管理不善，燕舞在1993年后开始走下坡路，一度旺销的燕舞产品大量积压，很多欠款无法收回，银行放贷也开始萎缩。1996年底，燕舞集团被逼入绝境，宣布全面停产。两年后，曾经在中国响当当的燕舞集团黯然倒闭，当时，燕舞的破产在盐城甚至全国的家电行业都引起了一场震动。

除此之外，但凡是上了年纪的人，应该都很熟悉上海牌手表，它是当年的婚嫁必备品。在那个年代里，能戴上一块上海手表，是身份和地位的象征。要知道，周恩来总理直到去世都戴着的手表就是上海牌手表。

上海牌手表是怎么诞生的呢？1955年，上海轻工业局找来26个单位的58位能工巧匠，用土法制出18块国内最早的细马手表（马是手表的心脏零件，细马是用人造宝石制成，比一般手表更耐用）。

到1958年的7月1日，首批生产的上海牌手表在上海第三百货商店上市。那天清晨，商店门外早早就聚集了大批买表的顾客。等到9点钟，商店门一开，人们就蜂拥而入。上海牌手表火到什么程度呢？当时戴表的中国人里，平均每四个人中就有一个戴的是上海牌手表。

不过,到了20世纪80年代,上海牌手表好日子到头了。当时国内的手表厂遍地开花,其中年产量在500万块的就有好几家。而且,进口手表也涌入了中国市场。特别是来自日本的电子表,对国产机械表造成了致命的打击。短短几年之内,电子表抢占了中国70%以上的市场。

就这样,上海牌手表从曾经120元一块都被人抢着买的风光,落魄到贱卖至十几元一块也无人问津的局面。1998年,因库存积压、产品缺乏竞争力等严重问题,上海牌手表的年销量从600万块"悬崖式"下跌至不足10万块。

在残酷的市场竞争中,上海牌手表苦苦挣扎,但最终没有逃过破产的厄运。1999年,上海手表厂宣布破产。

毋庸置疑,这些第一次吃螃蟹的人遭遇了各种各样的尴尬。他们天生对商业有着强烈的冲动,但由于对国家政策缺乏重视以及无法与时俱进等问题,都遭遇了不小的挫折。当然了,正是有了这些人的试错,新生的市场经济才能够调整至一个健康的状态,中国的企业家才能够茁壮成长。

野蛮生长

有了像年广久、"八大王"以及其他企业的铺垫,中国的新生市场经济开始诞生出第一批较为成熟的企业家和企业家群体。

故事还是得从"倒爷"一词说起。倒爷是20世纪80年代出现的一种特殊群体,这个词广泛流行于20世纪80年代中后期和90年代初期。

在从计划经济转向市场经济的过程中,尤其是在价格双轨制时代,一些人利用计划内商品和计划外商品的价格差别,在市场上倒买倒卖有关商品进行牟利,被人们戏称为"倒爷"。

特区的建立让外资进入了中国,外资的引进让被计划经济控制的中国市场开始松动,而在此催生出的倒爷们,更像是计划经济大堤上的蝼蚁,渐渐地将这个老旧而又顽固的体系瓦解,而特区则是他们的舞台。

这其中,万科的创始人王石就是其中的一个。1983年,33岁的王石到经济特区深圳闯荡。

一次偶然的机会,王石在蛇口看见好几个巨大的玉米储藏仓,他经过打听后知道香港需要大量玉米,但由于香港本土不产玉米,几乎全靠国外进口,王石就想到把玉米直接运到香港这个主意。几番周折后,他签订了第一单生意,成功赚了40万元。

王石倒卖过不少紧俏商品,诸如日本电器、仪器等。在当时的大环境下,王石就是实实在在的一个大倒爷。

被誉为中国企业家教父的柳传志,他的企业家生涯也是从倒爷开始的。

1984年10月17日,联想公司诞生在一间20平方米、分成里外间的小平房里——北京中关村科学院南路2号计算所的传达室。

说到中关村,也可以说一下。早在1980年10月23日,中国科学院物理所研究员陈春先带领几名科技人员,创办中关村(行情论坛)首家公司——

北京等离子体学会先进技术发展服务部，移植美国硅谷经验扩散新技术，从此开创中关村电子一条街。

当时，联想公司刚成立，一切都在摸索中。即便是作为公司的核心人物——王树和、柳传志、张祖祥三个人，也不知道自己该去做些什么，更摸不清楚所处行业的行情。柳传志用"迷茫"这个词来形容当时的处境。

柳传志知道，那时候整个国家在物质方面，是供不应需，存在着很大的缺口，于是他们开始倒卖旱冰鞋、运动短裤。尝到甜头后，他们开始倒卖一些与电子技术相关的产品，例如电子表、电视机、冰箱等。就这样，他们不知不觉就成了倒爷的一分子。

虽然那时倒卖行业特别红火，很多人都发财致富了，但柳传志也栽过跟头。

当时的环境很复杂，骗子很多，防不胜防。柳传志做买卖时非常小心，可最后还是栽了。

一次，一个同事汇报说，江西省妇联手里有彩电批文，需要打14万元过去。柳传志叮嘱一定要亲眼看到彩电才能汇款，手下的人兴致勃勃地说自己亲眼看到了大批彩电，一点不假。公司的人都相信赚钱的机会终于来了。

作为这次大买卖一方的买主，他们汇了14万元——这是联想20万原始资金中的14万。可他们被骗了。彩电在汇款前的确是存在的，钱一汇去就没有了。至于怎么没的，谁也不知道。

所以说，当倒爷并非一本万利。还有一个例子，1980年初，陕西农民王高志和其他20多个社员被派到宝鸡凤县割漆，按生产队安排，每天给生产队交 1.5 元后，剩下的归自己，生产队给记 10 分工。因为收入高，当时这个活还要挤破头。

在凤县割漆的过程中，王高志偷听到几位外地倒爷说，在南方生漆每公斤要卖三四十元，而当地土产公司收购价还是多年不变的每公斤 9 元。

差价竟然这么大？为了让自己的 3 个孩子吃饱饭、有衣穿，王高志心动了，他也做起了倒爷。一心想发家致富的他，打听到汉中的生漆价格比宝鸡每公斤高出 7 元，于是将生漆贩卖到汉中。不过，他很不幸，他这个新倒爷为此遭受了 6 天的牢狱生活。直到他从牢狱里出来，他也没有想明白，自己竟成了投机倒把的典型。

随着时间的推移，当年那些肩扛手提、受人歧视的小贩，有些已成为非常成功的商人。而深圳这个落后的小渔村，也渐渐走向繁荣大都市的行列。

特区这个中国改革开放的窗口，很快便显现出它的优势。特区的经济建设带动了中国东南沿海的私营企业的发展，中国企业家在这条对外开放的路上显现出了超人的勇气和智慧，他们带领着中国企业在特区这片热土上开始了一场商业冒险。

除此之外，一些自古以来就有着商业传统的东南沿海地区自发形成民营经济的浪潮。

有一部电视剧叫《温州一家人》，这部电视剧就深刻地描绘了温州人创业之初的勇气和艰苦。主人公周万顺认为他们一家，如果仅靠三分三厘过日子，那就等于坐着等死，所以他萌发了经商的想法。于是，他卖掉了祖宅，并狠心把年幼的女儿送出了国。身无分文的他带着妻子、儿子在温州从捡破烂开始，历经千辛万苦，最后一点点实现了他的商业梦。

1979年后，中国东南沿海（尤以浙江、福建、广东为首）地区突发一阵走私狂潮，成批的走私商品一船一船地运进港口和码头，而背着这些走私商品走街串巷进行兜售的温州人就以这种方式在尝试经商。走私商品为温州民营企业的发展提供了资本积累的来源，温州因此成为中国第一代民营企业发展的热土。

1980年，温州已经发展了3000多家个体商户，其中有8个商户因为发展的规模比较大，而被当地人称为"八大王"。更不可思议的是，从1980年到1983年，仅仅三年的时间，温州个体商户就增至10万余户，去往全国的购销人员超过40万。温州自然地，就发展成为规模庞大的中国民营企业的发源地。

1981年1月，在国家财政赤字严重和企业改革"笼子理论"的影响下，政府开始了一场打击投机倒把的经济秩序整顿运动。政府在这次运动中的态度十分鲜明：允许民营企业发展，并为农村剩余劳动力提供就业，但是不允许超过其所在的地理范围，更不允许与国有企业争夺原材料和剩余市场。

温州的"八大王"首当其冲受到了严厉的打击，而温州的私营企业发展，在"八大王"的阴影下也一度停滞甚至倒退，直到1985年温州才摆脱"八大王"的阴影，经济才渐渐复苏并日显繁荣。事实上，这不仅是经济意义上的一次肃清运动，也是国家对国有企业和民营企业这两者孰轻孰重的一次表态。

提到温州，就不得不提到另一个地方——浙江义乌。现在的义乌已经是全球最大的小商品集散地。在 20 世纪 80 年代初期，随着国家政策对小商品价格的放宽和当地经济的发展，物品交易成为义乌当地的一种特色，乡镇上的集市越来越多，到 1982 年已经有 300 多个摊位。义乌的发展引起了媒体的注意，有人称"义乌出现了资本主义的小温床"。即便如此，在如此大的压力下，当时的县委书记谢高华毅然决定建立摊棚式市场，打造中国专业化市场。这个决定为后来义乌的崛起和发展起到了关键性的作用，现在义乌的发展基点就在此。

年近花甲的何海美是土生土长的义乌人，她亲身经历了义乌小商品市场的诞生和成长。

据她回忆，当时她的孩子两岁大，她是一个只有初中文化的待业青年，全家依靠她丈夫每月 33 元的工资过活。形容起当时的生活光景，她说"穷得只能剪下窗帘给孩子做衣服"。

1978 年夏天，她的命运发生了转机。义乌传来即将上演古装戏《红楼梦》的消息，就在这个时候，何海美找到了商机。她拿着当时在部队搞摄影的哥哥拍下的数张《红楼梦》剧照，到电影院门口以每张一元的价格贩卖。何海美回忆说："电影演了三天三夜，我就卖了三天三夜。"

何海美尝到甜头后，奋斗劲儿更强烈了，她开始每天晚上在家制作明信片，白天就到东阳、龙游等地赶集，义乌人当时称她这样的人为"提篮女"。渐渐地，何海美把做买卖的地点固定到了义乌市前街的一块空地上。后来就是无数个像她这样的个体户，在义乌市前街这个自发形成的市场里，创造了财富的奇迹。

第一代义乌市场建在湖清门一带，因为这里场地开阔，进出比较方便。当时的摊位，基本上是水泥板搭建而成，个体户们需要在顶上搭设一块塑料布，才能阻挡风雨。而就是这样一个市场，每天的客流量达到 5000 人，日销售量约 6 万元，当时在全国尚属一个成功典范。

浙商就像追逐市场"草原"而生的"游牧部落"，哪里有市场，哪里就有他们的身影。他们是中国最为活跃的第一大商帮，在浙江民间，广泛流传着"草根浙商"的经商法则。我们不仅惊羡于他们的成功，更要追寻成功背后的智慧。

在改革开放以后，浙江涌现出一大批民营企业家群体，他们白天当老板，晚上睡地板，他们秉承了浙商所固有的市场意识、风险意识和自强不息、吃苦耐劳、不断创新的精神，把生意做到了国内外，是中国最初的民营企业家的创业缩影。

如今，浙商在中国创造的特色产业区高达 500 多个，而且都产值上亿。在"中国民营企业 500 强"中浙商更是占据了半壁江山，迄今为止已经有 1910 家浙江企业在海外投资，投资额达 9.12 亿美元。

除了王石、柳传志、浙江省企业家群体，还要提起一类人，那就是以张瑞敏为代表的改革型的企业家。

1984 年被称为中国公司元年。是年 12 月 26 日，35 岁的张瑞敏进入青岛电冰箱厂，接手了已经濒临倒闭的青岛电冰箱厂。

改革开放初期，很多企业引进国外先进的电冰箱技术和设备，海尔也不例外。那时，家电市场供不应求，很多企业努力上规模，只注重产量而不注重质量。与其不同的是，海尔没有盲目上产量，而是严抓质量，实施全面质量管理，提出了"要么不干，要干就干第一"的口号。当家电市场供大于求时，海尔就凭借差异化的质量赢得竞争优势。

我想我们都知道这个著名的故事。1985年的一天，张瑞敏的朋友到他那里想买一台冰箱，但是挑来挑去总是有这样那样的毛病。张瑞敏在朋友走后，对库房里的冰箱进行了细致的检查，他发现400台冰箱里竟然有76台质量不合格。面对这些残次品，如果按照以往的方法可以将这些质量不合格的产品，通过低价卖给职工，达到企业和职工的"双赢"。但张瑞敏却毅然决然地选择销毁这些质量不合格的冰箱，他亲自抡起大锤，砸烂了76台有质量缺陷的冰箱，并因此名噪一时。

张瑞敏是改革开放以来中国商界最具影响力的人物之一。他用20年的时间，将海尔打造成全球大型家电第一品牌，并响亮地喊出了"海尔中国造"的口号。这是西方社会认识"中国制造"的发端之一。

像张瑞敏，还有复活濒临倒闭的玉溪卷烟厂的褚时健，以及后来成立汇源集团的朱新礼，像这类人——有着能够令已经濒临倒闭的企业起死回生的能力，也在大破大立的改革大潮中生长着。

当然，这之后的"92派"还有很多人。1990年，俞敏洪从北大辞职，先在一家民营教育机构教课，后创办新东方；1992年，郭凡生"被下海"，创办慧聪；1992年，原深圳蛇口区常务副区长武克钢"被下海"，创办通恒；

1992 年,胡葆森离开河南外贸正处级岗位,创办建业;1992 年,苗鸿冰离开石油部办公厅,创办白领;1995 年,黄怒波去职中国市长协会副秘书长,创办中坤公司;1996 年,王梓木去职国家经贸委综合司副司长,创办华泰公司……

总的来说,改革开放初期,这些企业家的前途是光明的,因为他们和国家的政策导向是一致。但是,道路是曲折的,中国的市场经济就像一个蹒跚学步的孩童,还没成长为一个强壮的青年。然而,我们都知道,变为青年的日子很快就要到了。

THE CHINESE DREAM

第四章

群星闪耀

淘金时代

美国诗人惠特曼的一首诗《啊！船长，我的船长哟》，我非常喜欢。其中有两句："啊！船长，我的船长！我们艰苦的航程已经终结，这只船安然渡过了一切风浪，我们寻求的奖赏已经获得。"是的，中国市场经济的巨轮已经靠岸，最危险的时光已经过去。这里的"船长"当然就是指邓小平。

1984年，邓小平南巡了三个已发展了5年的经济特区，他对各经济特区取得的成绩表示满意，并分别为三个经济特区题词。邓小平说："……这次我到深圳一看，给我的印象是一片兴旺发达……特区是个窗口，是技术的窗口、管理的窗口、知识的窗口，也是对外政策的窗口。"

邓小平第一次南巡成为无数寻觅商机的人"下海"的一个重要航标。

一时间，深圳的人、深圳的地值钱了，就连"深圳"二字，含金量也大大提升了。全国各地到深圳"淘金"的人，蜂拥而至。据资料记载，截至2006年年底，深圳有人口1400多万，仅次于北京、上海。而流动（或叫暂住）人口1240万，占总人口的80%以上。国内外许多科技人才，也纷纷来到深圳。

到深圳淘金的，不外乎几种人：胸怀大志，想有一番作为的；在单位怀才不遇，想换个环境的；收入太低，想到特区发财的。这些人大多出生在五六十年代。这个年龄段的人是中国最可悲的人，出生时赶上三年自然灾害，上学时赶上"文革"，工作时赶上"上山下乡"，养家时赶上减员下岗。

但是，来深圳淘金就一定能成功吗？不一定。

原攸县广播电视局局长蔡冠华经朋友介绍来到深圳笔架山娱乐有限公司。这家公司挂靠深圳市老干部局，其实是中、泰两国的合资公司，高层管理者全部来自泰国。这家公司当时在深圳很牛，据说公司运营背后是一个高级会员俱乐部，必须拥有五千万以上资产的法人代表，或政界副厅以上干部才能成为该俱乐部会员。想进这家公司工作也很难，一般人要经过多次面试、笔试。

公司主要经营高尔夫、网球场、射击场和国际酒店。对蔡冠华这样一个来自小县城的"土八路"来说，当时连"高尔夫"是哪三个字他都不知道。

深圳率先在全国建设这种场地，目的是尽快与国际接轨。作为公司的中层管理人员，他们的工作总需要出差，三天两头跑香港。老板为节约住宿费用，规定必须当天来回，到家时常是晚上十二点后。他们这些从家乡去的白领，在原单位都有个稳定的工作，收入在当地也过得去，都还有头有脸。而在深圳一天工作十五六个小时，以方便面充饥，三四个人住一间宿舍，还经常受老板指责。他们经常问自己，在深圳图个什么？后来县里清理停薪留职人员，不回去就除名，蔡冠华就选择回去了。

再说一个成功的例子。

湖北十堰市房县红塔乡沙坪村的李庆云是村里的会计，深圳"遍地都是黄金"的传说吸引着他跟着叔叔南下闯荡天下。

几经辗转，李庆云到了中山一家鞋厂。高温下，鞋厂皮革的焦糊味简直让人作呕，工人们的工作条件简陋。李庆云的工作就是把鞋帮跟鞋底粘在一起，每天两班倒，工作12个小时。一个月下来，他领到了1300元工资。李庆云说，他简直不敢相信自己的眼睛，躺在床上把1000多元工资反复数了好几遍。当天，他失眠了。

一年后，李庆云为家里置办冰箱、洗衣机、电视机，还存下了1万元，成了当时的"万元户"。1998年，和众多外出务工者一样，李庆云在老家建起了一座3层小洋楼。2003年，他结束了在外地打工的生活，回乡过上了清闲的日子。

不少从深圳淘金回乡的人带着资金和经验，在家乡开创了属于自己的事业。四川省广元市的苟元超从广东回来后，开办了一家建材公司，成为创业先进人物，受到该市政府的表彰。

而在顺德明弛服装公司做主管的四川人陈理明，2010年也回到了家乡，还说服老板到广元投资成立一个大型外来务工人员培训基地，将众多赋闲在家的农民召集起来，进行免费的职业培训。学成后，再将他们输送到成都、广州等地工作，从中赚取一定的介绍费用或者劳务派遣管理费用。

20世纪80年代，全国各地越来越多的劳动力前往广东打工，至今已经持续了30多年的时间，有两代外来务工人员在珠三角地区献出了自己的青春和汗水。第一代南下淘金的人中，他们有的人衣锦还乡了，有的人仍在原点。

经历近 30 年的奋斗,第一代外来务工人员命运出现分化,境况各有不同。但是无论在外发展得好与坏,落叶归根仍是大多数第一代外来务工人员在考虑未来养老时的共同选择。

之前像年广久这样的个体商户在成功的路上一直很费周折,随着国家政策越来越开放,类似的个体商户也如雨后春笋般成长壮大。

房淑霞,陕西黄龙人。1977 年,恢复高考后的第一年,房淑霞考上陕西师范大学生物系,毕业后的她被分配到商洛师范学院当讲师。

20 世纪 80 年代的改革开放,唤醒了人们对未来的憧憬。去南方闯荡的冲动让房淑霞心潮起伏,她毅然砸掉铁饭碗,从学院辞职下海,只身南下打工。那段时间,商洛师院最热门的新闻就是,房老师书不教,给人打工去了。

在南方一家花卉园干了一段,房淑霞从锄草、施肥、装车干起,良好的专业背景让她很快就熟练掌握了一整套花卉生产技术。后来,房淑霞用多年积蓄,到漳浦县租下一亩地,全部种上了加拿利海枣。

在房淑霞的精心养护下,第一批加拿利海枣长出绿油油的幼苗,并很快销售一空。一算账,净赚 6 万元。

通过加拿利海枣赚了第一桶金的房淑霞,开始栽培其他花卉,一共尝试过近百种。看到房淑霞种的加拿利海枣日渐红火,不少花农也加入她的行列,开始栽种这种观赏树木。

现在她不仅拥有三百余亩的海枣苗基地和两三千万元的苗木资产,还带动了成千上万的漳州农民改变农业种植结构,走上了种花卉苗木致富的道路。

房淑霞成为漳浦县,乃至漳州市的名人,荣誉接踵而来。她先后被评为"漳浦县专业技术拔尖人才""漳州市十佳女性""CCTV三农人物五十强"。

成功后,房淑霞也开始关注社会公益事业。但她也说:"我并不是一个很有钱的人,也不是一个很大方的人,我到现在连车都还没有买。相反,我是一个很爱钱、很在乎钱的人,我天天都在想怎样才能挣更多的钱。我是一个苗农,种了300亩地的加拿利海枣苗,费用很大,风险也很大。有时候还会遭遇假化肥、假农药带来的损失。"

可以这样说,正是因为改革开放,才让这些原本平凡的人能够实现自己的梦想,并能够"行有余力"地惠及他人以促进社会的和谐。

与危机同行

危机,从某种意义上说,这是淘金狂潮所引发的必然现象,因为狂热的经济不断冲击着落后的体制。

邓小平南巡后,中央又下达了开放沿海14个城市的决定。这对位置极南的海南岛来说,带来了命运的转变。然而,在计划经济转向市场经济的初期,在政策、法规还很不健全的时候,必然会出现一些失控的现象。

紧接着的第二年,海南岛爆发了为时半年的汽车倒卖狂潮。海南岛上有94个政府单位,其中有88个卷入了这次汽车倒卖的狂潮之中。在党政机构的影响下，全岛各行各业都做起了汽车买卖，人们通过搞批文倒汽车疯狂敛财。仅半年，全岛就出现了 872 家公司。

海南岛疯狂的汽车倒卖事件暴露出制度的欠缺，中国经济改革的渐进特征越来越明显。人们迫切地希望能够尽快实现现代化，甚至是政府人员都无法冷静下来，所以，出现了全国一窝蜂搞经营的现象。

海南的这次汽车倒卖事件事实上直指当时中国经济的不发达和人们"下海"热情的不理智。在当时整个中国都疯狂的年代里，经济建设是全国唯一的核心，"下海赚钱去"是人们最大的向往。有人带着80年代特有的激情与冲动，不管不顾地"冲下海去"；也有人，带着这个时代的迷惘和困惑，徘徊不前。政府也在这次开放实践中得到了教训和经验。

在国家计划经济向市场经济转变的路上，1988 年做出的"物价闯关"物价调整政策可以视为从 1978 年经济改革开始以来最大的经济失控。在全国经济三年高速增长的势头下，经济的飞速增长同样带来了负面影响。这一年诺贝尔经济学奖得主弗里德曼访问中国，提出了"砍掉所有老鼠尾巴"的论调，这一论调实际上响应了中央想要摆脱由价格双轨造成的后患无穷的现行经济体制。于是在 1988 年 5 月，"物价闯关"和抢购狂潮由此开始，这成为多年后人们回忆起 1988 年时记忆最深刻的新闻事件。

1988 年，中国改革开放进入第 11 个年头。国家物价局《中国物价年鉴》记载："1988 年，是我国自 1950 年以来物价上涨幅度最大、通货膨胀明显加剧的一年。在国家计算零售物价指数的 383 种商品中，动价面达 95% 以上，全年零售物价总指数比去年上升 18.5%。这个幅度，又是在持续 3 年物价累计上涨 23.7% 的基础之上。"

20 世纪 80 年代初，中国经济实行的是双轨制，国家指令性计划产品由国家统一定价、调拨，企业自销的产品由市场定价。这一制度在推动渐进改革的同时，也带来了"官倒"等诸多问题。为了改变这种不正常的价格机制，中央决定实行"价格闯关"。"价格闯关"和抢购狂潮在 1988 年造成了空前的通货膨胀，各地物价飞涨犹如脱缰之马根本无法控制，而全国人民更是陷入了抢购的疯狂之中。

当时，杭州青年李丽琴正在德清供销社的一个下属商店当营业员，时隔 20 多年，对当年人们因通货膨胀的恐惧引发的疯狂购买行为，她仍是记忆犹新。

李丽琴记得那年春节过后，天气还很冷，各种涨价的小道消息就在坊间流传。出于对涨价的恐慌性心理，人们开始"抢"东西，许多人半夜三更就去商店外排队，早上 8 点半开门，10 点多东西就都卖光了。

"供销社下属的商店几乎什么都卖，化肥、农药、肥皂、煤、补药、电池、糖果、饼干……日用品最好卖，特别是火柴、肥皂，100 盒 100 盒地买，几乎从仓库运出来，还没上架，就断档了。"

这个时候，在供销社上班的人，体现出了一点"特权"。每个商店的负责人，都会给自己的员工留些火柴和肥皂，李丽琴说当时家里收藏最多的就是火柴和肥皂，足足用了两三年。

李丽琴还说，老杭州人可能都对这一幕记忆犹新，为了买一台冰箱，人们聚集在当时还叫作红太阳广场的武林广场上，人头攒动，熙熙攘攘。

随着时间渐渐转暖，关于涨价的消息越来越多。国家放开了4种主要副食品的零售价格，后来又对一些名烟名酒放开了价格，到了8月初，更是有小道消息盛传：从9月1日起，各种商品将全面涨价。

有数据统计显示，从5月开始，全国中心城市的猪肉和其他肉食价格，以70%左右的幅度上涨。供应尤为紧张的彩电，价格在一天之内能够上涨数次，一台400元的彩电涨到2000元，照样购者如潮。

与排队抢购货品同时出现的，是各个银行门口也排起长队，大家争相取款。在当时，人们的唯一想法就是钱不值钱了，只要把钱换成商品就行。

当时，银行为了吸引群众存款，甚至纷纷推出有奖储蓄，头奖一律为彩电、冰箱之类的大家电。

10月份，"价格闯关"宣告失利，中央开始调整政策，大幅提高银行存款利率，削减基本建设投资，再次提出"宏观调控，治理整顿"的方针。通过这些政策，迅速控制了物价。

1990年，政府出于宏观整顿和维护集体经济的目的，开展了对"假集体企业"的清理，间接催生出一种新的股份合作制企业模式，最终意外地演变成中国改革开放以来第一次大规模的企业产权清晰运动。江浙及珠三角一带的很多私营公司，以集体经营制的形式发展了相当长的时间，在政策日渐宽松后，它们又以各种手段剪掉了那条仅仅在名义上存在的"尾巴"，恢复其本来的产权性质。

在改革开放后,许多跨国企业也看到了中国这个庞大市场的潜力,但是它们没有真正进入中国。不管是技术上的原因抑或政治上的原因,直到1985年,中国引发了一场洋设备引进热潮,这才从此真正开启了外资进入中国的大门。

引进热潮的起源是在1984年爆发的家电热潮,在当时科技尚不发达的中国,引进外国设备成为中国所有厂家的上上选择。人们迫切需要去发达国家引进更好的机器和设备以满足日益蓬勃的中国市场的需求。那些从国外引进的设备迅速投入制造新产品中,新技术和新设备给那些缺乏竞争力的老企业带去了活力,不难发现,日后许多驰名中国的企业都在这个时期积极引进了进口设备。

但是,这场引进热潮同时也有不少弊端。设备的盲目引进是这个时期的一个主要弊端。据相关资料证明,1987年武汉市政府对引进工作进行普查时,发现全市共有911台设备,价值5100万元,这些设备长时间空置,根本无法达到引进时的使用目的。1987年美国《商业周刊》称,中国工厂的闲置设备价值约人民币200亿元,其中相当部分为两年前的引进设备。

除此之外,还有一个弊端就是贪大求洋。工厂引进设备时,不根据自身生产条件和环境进行评估,盲目引进洋设备,常常导致工厂生产出现问题或设备使用出现冲突,相应而出的管理问题也层出不穷。

当然,1985年的引进热潮让中国企业家打开了眼界,认识到了向发达国家学习的重要性。他们发现，中国的工厂只能使用发达国家淘汰下来的二手机器，有的甚至是发达国家淘汰了十几、几十年的旧技术，这让他们十分震撼。可以说，中国为此支付了巨额学费。

除了设备的引进，同样引进的还有外资。在1984年后的近十年间，是中国对外开放的黄金时期，无数的国际知名或不知名企业入驻中国，它们试图打开这个潜力巨大的市场。

日本著名企业家松下幸之助就是在这一年来到中国的，他带着那些刚刚从日本工厂淘汰下来的彩电生产线设备来到中国。那时的松下已经成为一个商业传奇人物，他的创业故事激励着年轻的中国企业家群体。到1985年前后，中国共引进了105条日本的彩电生产线，而日本企业也成为第一个在中国捞到油水的跨国企业。

1987年，外资第二次大规模地投入中国市场。这一年，联合利华、雀巢、达能和摩托罗拉等相继来到中国。

但不得不提的是，外资来到中国创业也有不少挫折。1987年，达能投资生产的达能酸奶在中国惨遭失败。而雀巢的产品在投入大量成本的情况下却足足等待了十多年才慢慢被中国消费者熟悉。

相比本土企业而言，外资企业具有的高科技、高水平反而成为他们的桎梏。要知道，那时的中国科技落后，人民生活水平太低，很难一下接受新事物。

相比而言，摩托罗拉却在中国取得了巨大的效益。

摩托罗拉在进入中国市场前已经是全球通信行业的领先企业。摩托罗拉在进入中国市场后，聪明地选择了正确的营销策略，即选择适应当时中国消费水平的产品——寻呼机（也叫 BP 机），前瞻的市场眼光给摩托罗拉带去了巨大的投资效益。

外商投资的效益让中国很是心动，所以，中国也开始尝试起对外投资。1985 年，中国第一次开始尝试对外投资，中国国际信托投资公司在华盛顿购买了价值 3500 多万的一片森林，这是中国在美国的第一笔直接投资。当然，毫无投资经验的中国在对外投资这件事上吃了许多亏。看上去，这个时期的中国已经参与角逐国际资本界，但大都以失败告终。不过，世界各国也因此看到了这个曾经封闭的东方古国正在慢慢地改变，从而进一步加大了对中国的投资。

不可否认，外资的进入给中国本土企业带来了威胁，它们有着先进的技术和管理经验，这对中国的企业家们造成了巨大的威胁和挑战。

但是，这种威胁在当时中国人民奋发向上、努力建设经济的大环境中成功地转化为一种良性压力，有不少企业顶住了这些跨国大企业的压力，并建立起走出国门的国际性大企业。这是属于中国企业家和改革家们的智慧和骄傲，他们有着建立中国品牌的信念和决心。

在整个 80 年代里，我们处处可以看到人们面对经济发展的巨大热情，那个时候的人也更热于探索和实践，不管他们所经历的是失败还是成功。正是因为他们的不懈努力与探索，才促使中国的市场经济快速地发展和完善起来。

多数派报告

20世纪80年代的中国经济制度正处在动荡和混乱之中，而中国的企业家们却从不畏惧困难。他们勇于创新，敢于实践，事实上也正是有了他们的不断努力和实践，才能建设后来的市场经济。

在整个中国经济大变革的时代背景下，早期的企业家们从经济特区和沿海城市诞生，这种趋势跟政府的政策联系非常紧密。在仍旧是以计划经济为主体的1984年，他们中的一部分人开始觉醒了，尽管他们带着"倒爷"的名号，通过在特区倒卖或其他不同手段获取利益，但最终完成了最原始的资本积累，为他们日后走上全国大型企业打下了坚实的基础。客观地说，他们的发家有着这样那样的问题，但在那个年代——国家的法律尚不完善，甚至无法对他们的行为有着明确的界定，所以很难判断他们的对与错。

制度的缺位没有阻挡人们创业的热情。人们通过改革开放看到了外面的世界，无数人梦想开创一番事业，并因此走上了一条奋斗的道路。在1984年到1991年这段时间里，我们发现了两个奇妙的年份，两个企业家集中产生的年份——1984和1989。

1984年，邓小平南巡深圳，这个信息让一些人敏感地捕捉到中国经济的动态。前文提及的王石以他先天的商业敏锐嗅觉感受到了形势的变化。1984年5月，王石当上了深圳科教仪器展销中心的经理，他通过外汇差价创利，将商品从港商那里转移到内地的订货商手中，他则通过自己获取外币的能力获取中间的差价利润。在当时这并不是触犯法律的,因为国家并没有对换汇进行必要的界定和说明。

1987 年,广东省人大通过《深圳经济特区土地管理条例》,王石从深圳土地制度的改变和国家政策的松动中看到了机会,此时的他意识到自己没法一直做倒爷,而现在正是他改变的时候。政府政策的松动和改变,往往能够对经济产生绝对性的影响。王石开始进入房地产行业,这为他日后建立中国著名的地产公司万科奠定了基础。

从王石的身上,我们可以看到中国企业家的转变往往与国家政策有很大关系。

在 1988 年全国企业改革的浪潮中,王石又赶上了企业产权明晰化运动,加上与"老东家"深圳特区发展总公司一直存在的矛盾与摩擦,让王石选择了一条全新的道路。

王石通过与政府联合的方法实施了股改方案,第一次在深圳发行了 2800 万股。虽然第一次发行的股票并不算成功,因为 1988 年的人对股票的概念还相当模糊,但是,王石的前瞻性眼光已经让他走在别人的前面了。

前文还提到了张瑞敏。1984 年 35 岁的张瑞敏被派到一家濒临倒闭的青岛日用电器厂当厂长,从而开启了他的"海尔征服之路"。这个时候的他对形式主义深恶痛绝,他决心要改革自己的电器厂。他从员工的基本行为规范开始,将传统的工厂管理方式进行了大规模的变革。他的行为在 1984 年这个相对思想落后,但新思想不断萌芽壮大的年代,产生了非常大的影响。

至 1984 年,北京的中关村已初显繁荣景象,是全国知名的电子产业中心，前前后后共有40余家企业在此成立。此时，待在中关村的柳传志还没什么名气。

40岁的柳传志试图通过"倒爷"的方式进行公司的财富积累。但是，作为一个长期处在科技与知识氛围里的知识分子，他显得很笨拙。资金被骗、没有项目可做，联想公司里十几口人的生计令柳传志感到压力巨大，直到他找到了一个方向，那就是中科院的技术。

从1984年底公司建立至1985年春天，联想公司经历了漫长的挣扎和摸索，终于赚到了第一桶金。1985年初，中科院购入500台IBM计算机，中科院将计算机的验收、维修和培训业务都交给了联想公司。于是这一笔70万元的服务费成了联想公司发展的动力，柳传志也坚定了公司的发展方向。

随后，柳传志说服了中科院著名的计算机专家倪光南加入联想公司，并开始将"联想I型汉卡"由技术转向产品的开发。这一举动真正改变了公司的航向，从而使这个不起眼的隶属于中科院计算机所的小公司开始向伟大的联想集团转变。直到1987年柳传志决定离开IBM，转而进入中国PC领域，这才完成了他人生中最重要的转折。

这个时候的柳传志也开始向一个真正的企业家转变。在柳传志做出进入中国PC领域这个决定之后，他与公司的伙伴们发生了激烈的争吵。

他这样向同伴们解释："联想未来的方向，不是我们定出来的，而是要看人家需要什么。市场需求将是联想成长的前提。"柳传志的这句话，让同伴们开始明白所谓的市场经济的本质。这实际上代表了中国的企业家开始更注重消费者的体验，从而越来越接近现代营销理念。

最近几年，华为的任正非名气非常之大。任正非一直被业界人士称为"土狼"，他创造了企业界的"狼道"和"床垫文化"。他关于企业危机管理的理论与实践曾在业内外产生过广泛影响，其名篇佳作《华为的冬天》曾被许多企业，尤其是 IT 界作为企业危机管理的范本。作为中国 IT 界的标杆企业，华为一直是名牌大学毕业生择业的首选企业之一。

先哲孟子说过："故天将降大任于斯人也，必将苦其心志，劳其筋骨，饿其体肤，空乏其身。"1988 年，以解放军团级干部身份退役的任正非，与几个志同道合的朋友创立了华为公司。公司设在深圳湾畔的两间简易房里，业务是代理香港某公司的远控交换机，利用差价来获取利润。

任正非非常重视研发工作，强调技术的先进性，他认为对核心技术的掌握能力就是华为的生命。产品和技术晚一步，意味着巨大的失败和压力。

在华为发展的前期，技术研发领域是以跟踪开发为主，通过学习、借鉴别人已经成熟的技术，来实现节约产品成本的目的。但随着企业的迅速发展，华为在技术上缩小了与国际先进水平的差距，在市场上又逐渐成为跨国公司的直接竞争对手，进而成为跨国公司封锁和打压的对象。为了打破跨国公司对高附加值的高科技产品的垄断，任正非开始在华为实施技术驱动战略。华为在技术研发中坚持高起点，始终瞄准业内尖端、前沿、最有市场的产品，并努力与国际跨国公司站在同一起跑线上。

华为一路由小做到大，逐渐占领省级、国家级的骨干网络市场。在已占领国内市场的情况下，华为开始开拓国际市场。目前，华为的 NGN 系统全球市场占有率已达 18%，排名第一；交换接入设备全球出货量连续三年居第一；光网络市场份额全球排名第二。

可以这样说，每一个想和外界沟通的中国人都离不开这家公司。比如，打电话需要远程控制交换机，发短信离不开电话预付卡和基站服务，上网冲浪不能没有路由器……

华为的成功生动地体现出任正非的雄心壮志，他成功地把企业带领到了国际一流跨国企业的地位。它是中国最赚钱的民营企业、盈利最好的高科技企业以及世界最大的通信设备制造商之一。

十几年如一日，华为一直拿出销售收入的 10% 作为研发投入。投入之高，当属中国公司之最。这是任正非成功的秘诀。

再说到史玉柱。史玉柱的赌性大家都知道。当年在深圳开发 M—6401 桌面排版印刷系统时，史玉柱的身上只剩下了 4000 元钱，他却向《计算机世界》定下了一个 8400 元的广告版面。他的使用权只有 15 天，前 12 天他都分文未进，第 13 天他收到 3 笔汇款，总共是 15820 元。两个月以后，他赚到了 10 万元。史玉柱将 10 万元又全部投入做广告，4 个月后，史玉柱成为百万富翁。这段故事至今被人们津津乐道着。但是只要想一想，要是那 15 天过去了而史玉柱收来的钱还不够付广告费呢？大概我们就永远也不会看到一个轰轰烈烈的史玉柱和一个赌性十足的史玉柱了。

广告推销是史玉柱这个商业奇才人生中赚的第一桶金，之后他开始了豪赌人生。1990 年，他成立了他自己的公司——巨人。从公司的名字上我们就可以看出这个年轻人的野心，他还说要"打造中国的 IBM"。

1991 年，巨人公司的纯利润就达到了 1000 万，并且已经跻身全国四大科技类产品销量榜首，这样的成绩震惊全国。当年，史玉柱被评为"中国十大改革风云人物""广东省十大优秀科技企业家"等。

再说到宗庆后。宗庆后是个极其不同寻常的人。14 万借款，4 个员工，挂出了"杭州上城区校办企业经销部"的木质牌子，这个创业故事，便是宗庆后与娃哈哈造梦的开始。

杭州是宗庆后创业的起点。这个之前推着黄鱼车推销课本和雪糕的 42 岁的中年人，让"喝了娃哈哈，吃饭就是香"这句朗朗上口的广告词，传遍大江南北，进而缔造了一个营销奇迹。

在经营企业中，宗庆后对待员工更像是一个大家长，这和西方的管理理念很不一样。但正是这种以"家文化"为特征的管理理念，让娃哈哈在与国际巨头可口可乐和百事可乐的竞争中立于不败之地。

在"家文化"之下，娃哈哈对所有员工实行股权激励，25 年内从未辞退一个员工。这种简单而高效的"家文化"管理方式，成为娃哈哈团队和业绩双稳定的重要法宝。

以上，这几个人物都是中国企业家的代表，当然，还有不少人没有写到。可以这样说，这些在中国企业界享有"巨人"地位的企业家群体的诞生，是中国市场经济成熟的标志。

天才的乐园

如果说巨人的诞生对中国市场经济的发展具有关键性的影响，那么，一个能够供巨人成长的平台则更加关键。经济特区就是这样的平台，但是，经济特区并不能替代更加细化的、专业化的企业孵化平台。因此，中关村的诞生就十分重要了。1988年5月，经国务院批准，中关村成为中国第一个国家级高新技术产业开发区。这个打着"高科技"胎记的创业舞台简直可以称作天才的乐园。

这是一个能创造并发展奇迹的地方。这里走出了柳传志，让当年以代理IBM电脑为生的联想公司收购了IBM全球PC业务，崛起为全球第一大电脑公司。

这是一个创造了"中国硅谷"称号的独特的创新科技环境，是一个让人想干事、干成事的地方。这里吸引了程炳皓辞去高职，带着全部家当和只有6个人的技术团队入驻，成立了中国最受欢迎的社交网站之一——开心网。

一批又一批不断涌现的高新科技型中小微企业，有的在中关村存在过又消失了；有的已成为高科技企业的佼佼者；有的则成为世界知名企业。"中国硅谷"变得名副其实。

让我们梳理一下它的发展过程。20世纪80年代初期，中关村在新的社会观念和氛围下破土而出。一批最早不甘心局限在体制内的人，率先走进中关村。他们在没有束缚的新空间中如鱼得水，使高科技的民营企业不断涌现，中关村的机制架构和产业生态雏形也在机制创新中确立下来。中关村自1988年成立以来，高新技术产业迅猛发展，入驻园区的企业数目稳步增长，并且不断出现创业高潮。

孵化企业多是以技术开始创业的，成长中面对的最大困难是资金不足影响技术开发。这时，多数企业把求助的眼光投向孵化器，希望这个"娘家人"能帮忙解决燃眉之急。2004年，中关村国际孵化园通过融资、并购等方式帮助孵化企业获得2.4亿元资金。

北京中关村国际孵化器有限公司总经理刘晓民说过："我们和企业一起创业。"

中关村国际孵化园是一家股份制公司，由4家具有投融资与科技成果转化优势的大型国有企业及3家权威的创业服务机构投资组建。据介绍，国际孵化园从建立起就确定了自己特有的定位——政府引导、市场运作，为孵化器的发展探索出新模式。

国际孵化园是中关村科技园区对外展示的一个窗口，承担了中关村外事接待的任务，同时也给企业带来了很多信息和商机。

走国际化道路，推动科技型中小企业向国际化发展，一直是国际孵化园积极探索的方向。

在中关村2万多家高新技术企业中，有近1/10的企业从事能源环保产业的技术创新，为园区发挥高新技术优势，为国家节能减排、防治气候变化等工作提供了强大的技术支持，也使中关村在环保新能源技术领域一直处于国内领先地位。

中关村始终瞄准世界高新技术发展的前沿，并在自主知识产权产品出口、软件外包、技术集成服务等领域形成了一定的国际竞争优势。开放型经济也呈现了新的特征，开始从引进外国设备、外资向引进关键技术、创业投资、高端人才、研发机构等创新要素转变，中关村吸引的境外创业投资量占全国的一半左右，跨国公司在中关村设立的研发机构达到 70 家。

自 2001 年中关村建立科技创新软件园以来，第一个十年过去就使得整个园区经济总量超过 240 亿元人民币，国际信息服务外包量超过 6 亿美元，是我国具有影响力的软件领域自主创新中心和北京软件和信息服务业发展的核心，为在软件与信息服务业领域率先实现具有全球影响力的科技创新中心奠定了坚实的基础。

中关村努力实现从创新成果到创新产业集群的产业化链条各环节资源的整合；实现政、产、学、研、用、金各类型创新主体资源的整合，形成创新资源统筹运作的大平台，服务于创新活动的开展，培育了众多的创新型企业。同时，有关部门也联合制定了到 2020 年的园区发展规划，推广应用中关村自主创新产品，支持企业自主创新。正是这种创新机制，使中关村能够充分利用全球优势创新资源，建设出一批世界一流水平的新型研究机构。国家不仅为中关村的发展保驾护航，还积极地向全国大力推广中关村样本经验，提升了中关村的企业形象。

中关村成就了联想、方正、四通、希望、金山等一大批中国 IT 业领先的软、硬件企业，90 年代初期与中期，又诞生了四通利方、同方、紫光、青鸟等一流的 IT 业厂商。

　　从绝对量来看，中关村的科技、智力资源密集程度在世界上也是少见的，即使与美国的硅谷相比，也毫不逊色。中关村地区拥有以北大、清华为代表的各级各类高等院校 73 所，技术人员有 50 多万。当然，中关村也需要像硅谷那样可以拥有种族多元化、文化多元化以及人才配置多元化结构，这样，人才、成果和创意在一定程度上也就可以带来更广阔的空间。

　　中关村，因为盛行着善于创新、敢于冒险的价值理念，才有成千上万的创业家们在此"游动"，他们以创业为工作，以创业为乐趣。所以，中关村应真正把精神留驻——更好地给弱小的创新企业机会，给风险巨大的创新技术最好的机会。中关村毕竟有属于自己的 DNA，唯有借鉴、"拿来"硅谷的先进模式并消化吸收，再推广应用，方能使中关村在更高的时代要求下真正成为"中国硅谷"。而在这其中，政府、企业、高等院校、个人都应找到属于自己的正确位置。

　　事实上，硅谷的很多特质，中关村确实复制到了。硅谷有两所著名的大学，斯坦福大学和伯克利大学，而中关村有北大和清华；硅谷是工程师的乐园，中关村也是工程师的聚集地；硅谷有英特尔、惠普、思科等美国知名的高科技企业，中关村有联想和方正等。

　　可是，联想、方正每年的收入、利润及市值与硅谷的知名企业还有一定差距。硅谷有一整套研发系统，中关村目前主要是一个信息产品的集散地，一个信息产品的贸易中心、销售中心、市场中心。

因此，多位政经观察和媒体人士如此评价：中关村的经验告诉我们，要在冷静思考中解放思想，在观念转变中扩大开放，在抢抓机遇中实现新的历史跨越。

当然，我们也无须妄自菲薄。中关村汇集了9000多家高新技术企业，集聚了以清华大学、北京大学为代表的73所高校，以中科院为龙头的232个科研机构，约50万科技大军，比硅谷还多20万人，智力密集度在全球首屈一指。

王东临是北京书生科技有限公司的掌门人。他15岁时被保送到南开大学计算机系，1990年起从事出版业前沿的软件技术研发工作。他曾任长城笔神919系列电子软件研发负责人，被业界誉为中关村"四大天王"之中文数字化技术之王。在IT业普遍萧条的日子里，王东临执掌的书生科技公司业绩翻番，他也因此被评为北京市"优秀青年企业家"。

1989年夏天，怀揣南开大学计算机专业毕业证书，王东临顶着酷暑在北京"扫马路"找工作，从白石桥到中关村，逢门便进，最后总算在一家小公司里安身。

几个月后，长城集团下属的一家公司要组建技术研发团队，在同事看来"挺聪明"的王东临被挖了过去。

一个朋友找到王东临，要他开发一套软件，这就是后来成为书生公司"两条腿"之一的电子公文传输系统。通过这项开发，他敏锐地洞察到这是一个全新的市场。

王东临的另一项发明是"数字化图书馆解决方案"。在这个领域，王东临面对的竞争对手只有国家图书馆等三家，而且大家起步的时间都差不多，王东临对自己充满信心。他凭借先入为主和技术领先优势，帮助国内300多家图书馆建立起数字图书馆，占据了国内一半以上的市场份额。

从自己谋生到为公司谋生，再到参与时代数字变革，王东临觉得自己的路越走越宽。

王文京是北京用友软件股份有限公司董事长兼总裁。1988年，王文京做了一个当时看来极其冒险的决定——从中央机关辞职下海经商，王文京的商业生涯就此开始。1988年，他和另外一个同事在中关村创办了用友公司。

"尽管我们公司的起点很低，开头就是两个人，借了5万块钱，买了一台电脑，在9平方米大小的地方开始做的。但是我们当时就对以后的发展做了比较长远的规划——一个5年和10年的规划。我们定了一个目标，一定要成为上市的软件公司。2001年公司股票上市，使我们和资本市场直接对接，使我们公司在后来的发展中，特别是在ERP企业管理软件发展上，有了更充足的资本。"

用友20年的发展，主要的感悟和经验有五个。第一个就是追逐梦想，第二个就是主业集中、专注发展，第三个是持续创新、均衡发展，第四个是做客户信赖的合作伙伴，第五个就是产业和资本两个轮子一起转。

2001年5月18日，是北京用友软件股份有限公司上市之日，王文京的个人持股折合市值一度超过50亿元人民币。

王志东是北京点击科技有限公司董事长兼总裁。王志东曾亲自领导四通利方的研究小组数次承接国家高技术发展计划 863 等重点研究课题，主持开发的 RichWin 中文平台是全球唯一支持多个操作系统并全面支持 Internet 应用的多内码语言支持系统，并迅速在全球中文用户中得到推广，累计装机量达 500 万以上，为国产软件之最。

　　王志东的管理经验不仅在于中国特殊环境下的软件企业的产品、市场的判断、组织能力和内部管理能力，他还善于结合国际先进的管理经验，走国际化的道路。1997 年，他成功地为公司引入 650 万美元的国际风险投资，成为国内 IT 产业引进风险投资的首家企业。1998 年 12 月，他又成功策划新浪网的成立，成为全球华人 IT 界的美谈。到目前，新浪网包括北京新浪、香港新浪、台北新浪、北美新浪等，已成为全球目前最大的中文网站。

　　再说一下王峻涛。王峻涛于 1978 年越级考入哈尔滨工业大学计算机科学系，1982 年获得计算机软件专业学士学位。在互联网上，网友们都叫他老榕。他从 8848 到 6688，一直在电子商务行业里面耕耘，他是中国 B2C 电子商务的早期探索者，被公认为中国电子商务的领军人物，电子商务的开拓者、传道者。他曾多次应邀参加全球财富论坛和世界经济论坛，有"中国电子商务之父"称号，是中国第一批互联网人物。

　　中关村的腾飞，是真正市场原发性的创新与创业的结果，这里曾经涌现出一大批新兴的企业家。可以说，是中关村孕育出中国最早的比较纯粹的"企业家精神"。

　　就历史来说，中关村的发展道路实为国家前进路上的一个缩影，而其中的企业家们，付出精力去与市场环境做搏斗，便是在这条路上的又一个不可或缺的映射。当人们质疑民营科技企业创新压力很大，动力不足，不创新企业就会死亡，可动力又在哪里时，身在中关村内的这些企业家们，不是没有这样的焦虑，只是，他们不畏惧，继续走着本来的那条路，像亲自"推销"商务通的张征宇，明知路漫漫仍然努力的李彦宏、施正荣、江南春……

从中关村成功走出的"巨头"们无愧企业家这个概念。而现在无数正在努力拼搏创业、促进产业前进的还未崛起的创业者，恰恰依托中关村搭建起的平台，得以拥有更多自由发挥的空间。

中关村是梦想的乐园，是天才的乐园，是创业家成长的摇篮。改革开放初期，这里曾出现过老"四大天王"，他们是发明了"激光汉字编辑排版系统"的王选，实现了汉字输入梦想的王辑志，发明"王码五笔"的王永明，开发了KV杀毒软件的王际祥。

如今，他们中有的人已经离开了我们，但中关村的新"四大天王"以及更多的科学家仍在专心研发、开拓市场，他们正用智慧和胆识创造着中关村科技园内的中国梦。

"92派"

1992年1月18日至2月21日，邓小平南巡深圳、珠海、上海等地，发表著名的"南巡谈话"———改革开放的胆子要大一些，敢于试验，看准了的，就大胆地试，大胆地闯。10月，党的"十四大"正式确立了市场经济体制改革目标，由此结束了"姓资姓社"的争论，中国的市场经济进入一个新的阶段。

此时，几乎所有的禁令都被取消了。政府可以办公司，学校可以去赢利，教师可以兼职，官员可以做买卖，倒卖紧俏物资的人可以合法地从中谋利。一个省的检察机关公开声明：对回扣、提成和兼职收入，将不追究法律责任。另一省的工商部门跟着宣布：谁要是想办公司，可以不必申请营业执照，也不必缴纳管理费……

邓小平南方之行后，大批在政府机构、科研院所的知识分子受南巡讲话的影响，纷纷主动下海创业，形成了以陈东升、毛振华、袁岳、田源、冯仑、潘石屹等为代表的企业家，也就是所谓的"92派"。

"92派"这个词是泰康人寿董事长兼CEO陈东升发明的，他也是"92派"的旗帜性人物。一般认为，"92派"是中国现代企业制度的试水者，和之前的中国企业家相比，他们是中国最早具有清晰、明确的股东意识的企业家代表。

1991年，27岁的国务院研究室干部毛振华在外人眼里，绝对称得上仕途平坦。他的学历也非常引人注目，15岁就考上大学，之后博士毕业。而且，从副科级到处级，每一轮的提拔都是破格的。但就是这样一个天之骄子也选择了下海。

1991年，他认识了中南海最年轻的副局级干部，也是他的大学师兄卢建。可是这位中南海最年轻的副局级干部也已经有37岁了，这让27岁的毛振华感到十分震惊，在权力的金字塔面前，他知道他要走的路还很长。按他目前来看，他的工作主要是给领导撰写讲话稿，以及整理各类工作总结，工作实在枯燥。他感到郁郁不得志，尽管他是别人都向往的国务院年轻干部，但当他清楚地意识到自己在政治上很难有大作为后，便选择了下海。

1992年，国家体改委在邓小平南方之行后颁布了《有限责任公司暂行条例》和《股份公司暂行条例》。毛振华心动不已，他照着报纸就抄下了每一条条例的内容。

毛振华要干什么呢？原来在此前他就一直听到广播和看到报纸上经常提到国际信用评级公司穆迪对中国的评估。他看到穆迪公司能够评估国家的信用，觉得非常了不起，于是，他想成立中国的信用评级公司。由于国家开始鼓励有限责任公司和股份公司的发展，他看到了机会，于是四处游说，拉股东、批牌照，忙得不亦乐乎。1992年10月8日，毛振华成立了中国诚信证券评估有限公司。次日，央视报道了这一消息。

在毛振华忙着注册中国诚信证券评估公司的时候，正在经济杂志《管理世界》任总编辑的陈东升也找到了自己的机会。有感于国际拍卖行能够将艺术品拍卖出天价，陈东升决定创办中国自己的拍卖行。1993年3月，他成立了中国嘉德国际拍卖有限公司。

曾经担任司法部文秘的袁岳则从市场经济这几个词中找到商机,他认为要发展市场经济则需要研究市场,那么做市场信息调查和研究一定能闯出一片天地。1992年,袁岳跳出司法部,注册成立了零点调查公司。

同时,另一拨人也在蓄势待发。1992年,海南体改办筹建了海南改革发展研究所。当时,冯仑任海南改革发展研究所的常务秘书长,易小迪在这里实习,潘石屹则是当时挂靠在这家单位下的一家公司的常务副总。

漂泊的岁月中,潘石屹、冯仑、王功权、刘军、王启富、易小迪这几个意气相投的朋友,他们共同创立了海南万通,后来人们把他们称为"万通六君子"。

1992年年底,潘石屹从海口市人均住房报建面积50平方米这一情况中找到了机会,他知道当时的北京市人均住房面积为7平方米,那么,北京就成为他的圆梦之地。

潘石屹拿着5万元差旅费来到了北京。一天,潘石屹在怀柔区政府食堂吃饭,无意中他听到一个消息:北京市政府给了怀柔四个指标,做定向筹集的股份公司,但是找不到人做。潘石屹觉得这是一个落脚北京的大好机会。他和冯仑等人合计了一番,冯仑发动了北京的关系,1993年,北京万通实业股份有限公司成立,潘石屹任总经理。

北京万通是北京最早创建的以民营资本为主体的大型股份制公司。由北京万通公司开发的位于阜成门外的万通新世界广场销售火爆,卖到了当时市价的三倍。从此奠定了潘石屹、冯仑在房地产界的地位。

再看田源。1991年,田源从芝加哥期货交易所访学归来,他找到物资部部长柳随年，想去物资部的下属公司工作。赏识他的部长看出他的意图，对他说："你的新职务是对外经济合作司司长，搞对外开放工作。"田源回答："我不干！"部长火了："不干也得干！你回国前党组就定了！"田源只好答应。

1992年，物资部陆续成立了许多新的公司，官员"下海"潮涌动。田源再次找到柳随年："中国需要一家国家级期货经纪公司。"部长再次回绝了他："部里办了太多公司，没钱了。"田源说："给钱我能办，不给钱我也能办，只要部里批准办期货公司，股本金我自己去找。"

田源知道国家已经颁布了允许成立股份制公司的文件，这次部长也被他说服了。柳随年欣赏这个年轻人，让物资部财务司投资两百万元，这是物资部当时投资数额最少的公司。与此同时，田源找了13家股东募集了两千多万元，最初的股东包括中农信、中银信托、中国粮食贸易公司等，还包括一家私营公司。

1992年12月28日，中国国际期货经纪有限公司成立大会在人民大会堂举行。这是国内首家大型股份制期货经纪公司，并在国家工商局注册，开了期货业的先河。田源也有着"中国期货业教父"的称号。

总体上说，"92派"多由政界转入商界，这批人身怀理想和才华，对追求财富并不十分热衷，是极富情怀的一批人。由于他们的特殊经历，使中国商业舞台上出现了一批对政治和商业都十分熟悉的企业家。他们一方面能够很快领悟到国家政治的变化，另一方面又能把握前沿的市场信息，这种复合型人才为中国的市场经济做出了巨大的贡献。

THE CHINESE DREAM

第五章

曲折与经验

阴 影

成功总是少见的，而失败却是普遍的。邓小平的南巡、特区经济的示范作用终于开始让越来越多的人走出自己过去狭隘的圈子，激发起一些有胆有识的人谱写出一段段令人叹惋、感慨的传奇人生。另外，还有一些公司在日后的经营中轰然倒下，留给世人一个大大的惊叹号。

仰融，他是第一个让社会主义国家的股票在纽约证券交易所成功挂牌的人，也曾是 300 亿资产的主人。然而，他的人生却陆续经历了资产清查、职务解除、出走美国……直至最后被中国辽宁省政府刑事批捕。他曾经越洋起诉中华人民共和国辽宁省政府和中国金融教育基金会资产侵权，成为新中国历史上我国地方政府首次在国外被起诉的案例。

1992 年 10 月 9 日，美国纽约交易所，华晨汽车成为第一家中国国有企业概念股，发行 500 万股，51% 控股沈阳金杯客车。这个当时在刘鸿儒（中国第一任证监会主席）看来是"不可能完成的任务"，却被仰融的人操盘成功了，创造了中国国有企业海外融资的第一个案例。

之后，仰融又凭借资本运作，成功打造出一个以华晨汽车为主，资产一度达到 300 亿元人民币被人称之为"华晨迷宫"的华晨系。

当时的销售数据也佐证了仰融这个汽车"门外汉"的营销功底。从 1996

年起，沈阳金杯汽车每年销售额都以超过50%的速度增长，销量从1995年的9150辆激增到2000年的6万辆，成功把一汽小解放汽车逼出市场，并迅速成为国内轻客市场老大。

2001年前后，仰融打造出了一个市值高达246亿元之巨的华晨系，旗下5家上市公司，拥有8条汽车生产线，10多家汽车整车和零部件工厂。

2002年10月23日，仰融旗下上市公司申华控股发布公告称，公司于10月21日接到辽宁省公安厅通知，公司董事长仰融因涉嫌经济犯罪于10月18日被辽宁省检察院批准逮捕。仰融的罪名是"挪用资产"。当年6月，仰融出走美国。

当人们逐渐淡忘那个多年前远走异乡的争议人物时，身在美国的仰融却通过媒体高调宣布：我想回来！

虽然远在美国，但仰融仍然时刻记挂国内的动向。他一直和北京、上海的朋友保持联系，并及时了解国内发生的事情。

得到"关系缓和"的信号后，2008年5月，仰融通过其香港的上市公司远东金源以400万元人民币购得吉林一家以采矿为主业的公司——吉林晟世的全部股权。作为在国内的新支点，他开始酝酿对汽车产业进行投资。

经过长时间的思索，时下最热门的新能源汽车成为这位资本运作高手东山再起的切入点。

根据媒体披露的仰融《汽车项目书》来看，一个横跨美、中两国的汽车公司将应运而生：在中国，仰融的团队正与国内至少5家地方政府就项目引入、选址等问题进行洽谈。作为回报，他承诺未来8年将为当地政府实现产能300万辆、产值1万亿元、税收1000亿元，并提供10万人就业，保证人均年收入达到 10 万元，即所谓的 "831111" 计划。中国项目一期计划投入 400~450 亿元，打造 300 万台发动机和 100 万辆整车基地。

但有些问题并不会因为仰融的满腔热情就自行消失。想当年，辽宁官方以言之凿凿的罪名来抓捕仰融，到今天仰融并未归案，官方的执法行为理论上讲就不会结束。有人说，可能是仰融获得了高层领导的认可，欢迎回国，过去的事情既往不咎了；也有人说，可能是国内某些地方官员向仰融开出各种优惠条件，希望通过他来招商引资，促进经济发展。

以仰融当年成功脱逃到美国的经验，他当然担心自己回去会遭到清算，所以他会自己给自己打气——"过去的事情就过去了，父母打了孩子，无论对错，也不该拗着要求大人给孩子道歉，凡事都要展望未来"。仔细琢磨这些话，人们会发现，虽然事情过去了，仰融似乎依然不认为自己当年有罪，但现在，他愿意再一次投身到国家的建设之中去。

中国和美国的汽车业务由仰融在美国的公司掌控，他为这个新公司取名"正道"。擅长资本运作的他仍然只能在美国远程遥控自己的团队完成中国项目的管理，而他则主要负责海外运作、融资等事宜。

毋庸置疑，如果他的计划能够如期实现，一个足以改变全球汽车业竞争格局的汽车企业将被载入史册。但据见过仰融的媒体人士称，仰融是个极有说服力的人，但每次谈话过后，总觉得他常常"言过其实"。暂且不论如此庞大的计划能否获得国家有关部门的批准，他自身的资金实力能否应付如此庞大的投资，也让人打个问号。

在全盘托出他的新计划之后，仰融仍不忘展现其一贯的惊人气魄——要在 3 年后超越自己曾经创造的辉煌。缺乏想象力的人很难读懂仰融的格局。

顾雏军，此人于 1992 年在加拿大创办了格林柯尔集团，1995 年回国，2000 年格林柯尔在香港创业板上市。2001 年 10 月，顾雏军斥资 6.6 亿元人民币收购广东科龙电器股份有限公司，出任董事局主席。顾雏军被拘留之后，曾经旗下的科龙电器、美菱电器、亚星客车、ST 襄轴均纷纷易主。

2012 年 9 月 14 日，在度过七年的囹圄生活之后，前格林柯尔集团创始人、原科龙电器董事局主席顾雏军选择以一种并不低调的方式宣示自己的回归。一天之前，顾雏军的实名认证微博发布了翌日下午在安徽大厦举办发布会的信息，主题是"顾雏军回应网媒刊登的《民营企业家顾雏军的牢狱之灾》一文记者见面会"。

闻讯而来的媒体数量颇令顾雏军惊讶，据其后来介绍，他原本以为最多也就二三十家媒体到场，结果最后到场的媒体多达一百多家，准备发放的材料根本不够。

顾雏军消瘦的身材和花白的头发，透露着牢狱生活所带来的痕迹。出场时他头顶着写有"草民完全无罪"的高帽，让在场的媒体惊讶不已。

工作人员向与会记者发放了长达 27 页的举报信以及存储了多份辩护资料的光盘。原本被寄望是一场"东山再起、从头再来"的发布会，变成了顾雏军的鸣冤现场。在公开信中，顾雏军称其个人资产，包括房子、股票、现金全部被"抢夺"，目前仅靠前同事接济为生。"我没有罪，也没有错，案子从头到尾很无耻。"顾雏军说。

对于自己的"冤情"与对科龙的贡献，顾雏军记忆犹新——"我 2002 年接手科龙，当年就交税 3.5 亿元，2003 年交 4.5 亿元，2004 年交 5.6 亿元，如果没有案子，科龙成为世界五百强只是时间问题。"

顾雏军这场迟来的告白，却难以阻止他当年命运的转折。2005 年 5 月，顾雏军因涉嫌违反证券法规被证监会立案调查，同年 7 月，他与科龙几位高管在广东被警方拘留。2009 年，顾雏军最终因虚报注册资本罪，违规披露、不披露重要信息罪以及挪用资金罪被判有期徒刑 10 年。

顾雏军的浮浮沉沉，始终有一个绕不过去的名字，他就是学术明星郎咸平。2004 年由郎咸平掀起的郎顾之争。在市场化进程正处于探索中的 2004 年，将顾雏军后来的命运归结于性格，多少都有些合理之处。因为，郎咸平所质疑的民营企业家并不只有顾雏军一人，但大张旗鼓地站出来的，只有他。

郎咸平是美国宾夕法尼亚大学沃顿商学院博士，现任香港中文大学教授。作为世界级的公司治理和金融专家，郎咸平主要致力于公司监管、项目融资、直接投资、企业重组、兼并与收购、破产等方面的学术研究。从 2004 年开始，郎咸平开始用最为传统的财务分析方法，痛陈国企改革中的国有资产流失弊病，质疑某些企业侵吞国资，并提出目前一些地方上推行的"国退民进"式的国企产权改革已步入误区。其研究的个体，正是改革中的明星企业与企业家顾雏钧等人。

"事实上，我很感谢顾雏军给我一个机会向记者说明我的一些观点，其实与顾雏军的交锋并不重要，我现在最关注的还是国资流失的问题。"郎咸平回应。

某种程度上可以说，当时有关"国退民进""民营企业家地位"的争论亦是因"郎顾之争"而趋于白热化。包括张维迎、周其仁等经济学家纷纷站出来表明观点，客观上更说明了这场争论的影响。但对于顾雏军本人而言，如果有重新选择的机会，或许他绝对不会选择回应郎咸平。当时的顾雏军还想不到，自己的意气之争会让其成为众多媒体的聚焦点，他更不会想到他所引以为豪的资本运作，会成为被炮轰的靶子，进而带来一个遗憾的结局。

再说到戴国芳。戴国芳12岁那年，因为家境贫寒，不得不辍学去捡废铜烂铁。但就是这些废铜烂铁让他起家，他独特的商业天赋加上专注以"铁"为生的精神，让他在2001年，将铁本钢铁打造成毫无疑问的钢铁巨擘。

那个时候，铁本的固定资产为12亿元，净资产为6.7亿元。以这样的资本规模要启动一个超百亿元的项目，无疑是"小驴拉大磨"。

要知道，一家民营企业要启动一个投资上百亿元、占地近万亩的钢铁项目，是很难得到中央有关部门的批准的。但幸运的是，在政府的支持下，铁本发挥了中国经济改革的闯关精神，项目所在的常州高新区经济发展局在一天内，就火速批准了所有的基建项目。

2004年2月初，几个新华社记者在江苏搞调研。在采访中，他们得知这样一个消息："常州有个企业在长江边建钢厂。"

记者们靠着自己的职业直觉认为，建钢厂肯定需要大量土地，或许也有非法占地的问题。于是，他们咨询国土资源部，而国土资源部表示，他们并不清楚这个项目。于是，记者们转头到了常州，一路沿江寻找到了钢厂工地。

2004年2月9日，一篇题为《三千亩土地未征先用，环保评审未批先行》的内参材料递到了中央高层。不久后，国土资源部和环保总局派出调查组赶赴常州。

铁本的问题很快从毁田占地变成了违规建设，毫无疑问，戴国芳与铁本被卷入了这场巨大的旋涡中。

对戴国芳而言，铁本钢铁远比他自身重要，他认为，如果将重点从铁本钢铁转移到自己身上，以自己的代价来换取铁本钢铁是值得的。

这个时候，他主动向上级汇报了一份"自查报告"。这份为了挽救铁本钢铁而牺牲自己的自查报告，也许是戴国芳最后的努力，他将抵扣税款迅速补交至当地的国税局。然而，他可能没有想到，这份报告不仅没有挽救铁本，同时，也成了他被推上法庭的指控证据。

不久后，戴国芳和他的妻子、岳父等10人被警方带走，原因是"涉嫌偷税漏税，且数目巨大"。

铁本事件后，众多民营企业在钢铁、电解铝及水泥等行业的投资项目纷纷搁浅。两年后，铁本案在常州市中级人民法院开庭，来自戴国芳自查报告上的"罪行"最终无一不被指控。

在人们有着强烈的摆脱贫困欲望的同时，经济建设带来的社会结构的改变已经不容忽视，乡镇企业的崛起事实上也脱离不了低成本生产的生产方式，而在随后的20年中这样的生产方式仍在进行，从来没有根绝过。而实际上这背后存在着更深层次的问题，那就是商业道德和良知的探寻问题。这是中国的国情所衍生出来的问题，值得我们深思和反省。

经济的发展给国家带来了翻天覆地的变化，同时，人们的价值理念也在发生着剧烈的冲突和变革。面对复杂的市场竞争，人们的道德观念受到了极大的冲击。社会信用的缺失、质量意识的匮乏、过于追求企业的最大化利益而忽略了社会效益，这些都是中国企业在发展中遇到的严峻问题。

"国退民进"

在实行改革开放的国策后,国有企业的未来成为人们关注的重点。国家关于国有企业的政策和民营企业的发展也息息相关。

1978年到1992年,改革开放已经持续了14个年头,国有企业改革一直是这14年来的主旋律。在突破和瓦解计划经济体制的过程中,国有企业一直处于一个两难的角色。到了1992年,国有企业的改革仍旧不见成效,这个时候,一个外籍华裔商人走入了人们的视线。

印尼华裔商人黄鸿年在邓小平南巡讲话后不久就来到了中国。这位在新加坡、中国香港股市进行资本投资的"金手指",带着他的中策公司,开启了一场国有企业的改革新篇。

事实上,当初黄鸿年来到中国只是期望捞一笔。但他的到来却让中国各地官员看到了通过外资来改革国有企业的希望。在接下来的时间里,黄鸿年在山西、浙江以及福建相继并购了100多家国营企业。他并购企业的方法是直接通过与当地政府的一把手沟通,借着政治力量开道。

很快,黄鸿年的名声就此传开,中策投资改革国营企业旧体制的模式得到了国内业界的好评。同时,当时的改革家们认为,中策模式可以在一定程度上将外企与国企的优点有机结合起来,通过引进外资这种方式可以令欠缺活力的国有企业成为国际性的大企业。

"中策模式"这种特色的改革模式在1992年、1993年受到了国内国有企业改革家们的追捧,他们似乎认为可以靠外资投入避开所有国有企业改革中存在的问题。当时的国有企业改革已经陷入了一种僵局,国家对国有企业改革的思路仍停留在老路线上,国务院1992年颁布的国企改革通知仍旧是老一套"继续清理三角债""继续转换企业经营机制",等等。

而在当年还有一件不得不提的事情,那就是国有企业改革中半途而废的"破三铁"运动。"三铁"指的是国有企业的铁饭碗、铁工资和铁交椅,实质上指的是国有企业对职工的劳动用工、工资分配和人事制度。"三铁"一打破,全国就有数以万计的国有企业职工成了下岗职工,企业解除了与员工的"终身劳动契约",这在一定程度上使人们意识到危机。铁饭碗终究保不住的言论一时间甚嚣尘上,成为举国上下一个热议的话题。

"破三铁"运动在轰轰烈烈搞了半年后就不得不宣告停止,当时的北大校长吴树青针对这次运动提出了"皮鞭加饥饿的办法搞活国营企业是行不通的,砸铁饭碗是违法的"言论。由于社会福利制度的不健全,下岗工人的基本生活无法保障。所以,这场轰轰烈烈的试图通过员工体制改革的国有企业改革之风就不了了之了。

当时,国有企业改革的主要问题其实还是一直围绕着作为国有资产所有者的国家如何管理国有企业和企业经营自主权下放这两个主题。同年7月,国家在两次实施国有企业改革都遭遇挫折的同时,决定重回老路,颁布了《全民所有制工业企业转换经营机制条例》,全面落实了国有企业14项经营自主权。

1992年之后,国有企业的改革又进入了新一轮的管理方式和效率提高的改革循环。在这个时期比较著名的例子就是邯郸钢铁公司。

邯郸钢铁公司在1993到1994年被树为全国企业改革典型,这也是全国最后一个国有企业改革典型。邯钢改革的主要模式就是从成本入手进行标准成本管理,这其实是效仿了美国百年前的泰罗管理制。在一定时间内,标准成本管理确实提高了邯钢的生产效率，成就了闻名全国的"邯钢经验"，被誉为"全国工业战线上的一面旗帜"。

但是在这个时期，国有企业存活的最大问题却没有从根本上得到解决。也就是说，国有企业存活的最根本问题此时已经不是企业活力与生产效率的问题，而是销售渠道的薄弱以及企业产权制度的根本性问题。如果这些问题解决不了，国有企业的改革就会一直停滞不前。

据相关数据表明，国有企业资产负债率在 1994 年末高达 78.9%，与十年前相比增长了 8.6 倍，是资产增长速度的两倍还多。国有企业的生产效率是提高上去了，可是生产出来的产品一下生产线就直接进入仓库积压，这成了那个时代国有企业生产模式的最大问题。到 1996 年国有企业库存工业产品总值已经高达 1.32 万亿元，是 6 年前库存积压价值的 10 倍。

而且到了 1996 年，国有企业改革的严峻性越来越突出，改革的思路也陷入了僵局。面对这种形势，当时的国家领导人又将目光转向了资本活跃的股市，这似乎已经变成了拯救国有企业的最后一根稻草。

国家制定各种措施和发展规划，试图通过将经营不善、效率不高的国有企业进行融资上市以摆脱国有企业的困境。但这种方式是通过强硬的行政手段进行的改革，没过多久就失败了。股市融资的方式让无数资金流入国有企业囊中，而这些资金很快就被挥霍一空了，这种救急不救穷的方法无异于负薪救火。同时，国家虽然能够通过行政手段让那些经营不善的大型国营企业上市，但是，那些数以万计的中小型国有企业的拯救方案仍旧没有答案。此时，山东诸城的小企业改制又成了国有企业改革新的突破口，让中小型国有企业的改革又看到了一丝希望。

在 1992 年到 1995 年这三年里，国有企业改革一直呈现出僵化、老套的局面，这非常不利于国有企业的发展。中国的经济学家在面对国有企业陷入死局无法脱身的状况时，很早就开始了另外一场国有企业改革新思路的变革。到了 1996 年年底，这场变革在整个国有企业的僵局中脱颖而出，带领国有企业改革真正进入了新的阶段。而与这条新思路相对应的实践，就是山东诸城的小企业股份制改制。

这个时期主管国家经济建设的是朱镕基。他同中国社科院的经济学家们经过严密的讨论后，终于制定了国有企业"抓大放小"的新战略，这无疑是国有企业改革史和国家经济建设史上浓墨重彩的一笔。

中国经济将往什么方向发展，将怎样发展，成为 20 世纪 90 年代末期的一个新课题。

这个课题到 1997 年开始进入了一个新的阶段。伴随着山东诸城国有企业改革经验的推广，1997 年中共"十五大"上，江泽民开创性地提出了"混合所有制"概念。与此同时，中国企业改革史上一场最大规模的产权清晰化运动拉开了帷幕。这一次，陷入困局的"苏南集体企业"将要接受一次重要的考验和挑战。

纵观改革开放近 20 年的时间里，中国企业一直沿着两条路发展，一条是社会学家费孝通提出的"苏南模式"，也称为地方政府公司主义；另一条就是私营企业为主的"温州模式"。全国各地的产业集群和区域市场在 1997 年开始逐渐成形，但在这两大模式下发展的经济体却有着截然不同的命运——温州的私营企业在这 20 年里承受着来自社会各方面的质疑和巨大压力，但是却顽强地成长和壮大起来；而在政府大力支持和推崇下发展的政府集体企业却渐渐在市场的实践较量中落于下风，造就了"苏南困局"的问题。

面对这种情况，中央不得不重新去考虑国有企业的走向问题，此时验证"抓大放小"战略的可行性时刻到来了。

就这样，一场关于产权改革的浪潮由此开始，大量苏南的干部和企业家开始跑去温州学习经验。这部分人回来之后没过多久就开始改革苏南企业产权，进行了一场转变企业所有制结构单一、政企权责不分的变革运动。这其中，就有早在1993年就已完成股权改革的无锡红豆集团。正是占了这4年的优势，在之后几年的经济发展里，周耀庭的红豆集团成为股改中的一个幸运儿。

与此同时，时任国务院总理的朱镕基又做出了另外一个伟大的战略决策，那就是"国退民进"。这时，中国企业国有资本从完全竞争领域中撤出，国有企业的改革史到此进入了国家商业主义阶段。不过，在掌握国计民生的能源型行业中，国有企业仍然形成垄断格局。而在这些垄断的行业里，民营资本与外国资本会受到政府的强制性遏制与排斥，国有企业的地位在某些特殊的行业里反而得到了加强。

到2000年，"国退民进"策略显现出了它良好的效果。在2000年全球IT行业受挫引发互联网寒冬后，纳斯达克指数猛降，全球多数公司市值蒸发，国有企业却在这时展现出了改革后的新活力，这是"国退民进"策略在国际竞争和金融危机中首次发挥它的真正效应。

朱镕基总理的"国退民进"策略在这之后的十多年里展现了强有力的效果，这场轰轰烈烈的以机制改革和经营放权为主题的国有企业改革运动，在2003年终于有了一个令人满意的结果：国有企业在强制性垄断行业中得到了长足的发展，既能够满足政府的既得利益，又能够在宏观上刺激民营资本的发展。

到2007年年底，国有企业一转多年来的低迷之势，在《福布斯》当年的世界500强排行榜上，中国有22家垄断型国有控股企业名列榜单，这一切都充分证明了朱镕基总理所做的这个战略的重要性和正确性。它让中国经济的格局有了一个根本性的新转变，行业的垄断化、市场的专业化、地域的区域化在此时已经越来越明显，"国退民进"战略对中国经济产生的积极效应为中国向世界发展奠定了坚实的基础。

从1978年改革开放以来，国有企业改革就一直是国家经济改革的重心。历经了20多年的改革探索和试验，到1996年的"国退民进"策略，中国国有企业改革经历了漫长而又艰辛的过程。而在那个时代，国家与企业、国有企业与民营企业的关系，得到了进一步的确定。

浮躁的股市

再说一下金融。自从改革开放以来，中国金融制度的改革和建设就一直滞后于经济实际的发展速度。伴随着私营经济的发展，金融的首轮变革是从体制外的民营企业开始的。1984年，新中国产生第一家私人银行——方兴钱庄。在这之后，中国民间的地下与非地下的集资方式开始了一段漫长而又艰辛的探险旅程。

中国的金融体系有所成型是在20世纪90年代初期。1990年，上海证券交易所正式挂牌成立，几乎在同时，深圳交易所也默默地成立了，虽然深圳交易所的正式批文真正下达要到1991年7月。

伴着小平同志1992年南巡的春风，深圳和上海的股市赢来了真正的春天。

在这个异常亢奋的股市之春里,改革开放以来中国经济发展特有的那种浮躁在股市这个大染缸中暴露无遗。在这其中,我们可以看到中国金融制度的不健全和不成熟。

那个时期股市的躁动有利于国家的宏观调控,也带动了人们对于投资的热情。一方面,国家可以通过股市调节国民储蓄,解决国营企业融资集资问题,将上市指标征缴至中央,以此来协调国有企业发展;另一方面,一部分人通过这种资本游戏获益,他们一夜成为百万富翁,这种在过去绝不可能的神话变成了现实。

不过弊端也随之而来,一夜暴富的梦想刺激了人们对于财富的追逐,这种直接的财富激励使得人们的道德底线一再下滑。

就在1992年这个中国股市焕发新的活力,上海和深圳两地都沉浸在一场新的投资风暴圈的时候,深圳爆发了中国股市上的第一个恶性事件——"8·10"事件。

这一年,深圳股市大热,进入股市的股民陡然间增长至百万人数,发行新股不得不采用抽签的办法。然而,在抽签表的发售问题上,由于发行数目不够,加上金融系统集体舞弊,前来购买抽签表的民众在苦苦等待后却没有得到一张抽签表,于是在8月10日,中国股市上的第一次暴动产生了。当天傍晚,几千名没有买到抽签表的股民在深圳市深南中路游行,并打出要求公正和反腐败的标语,这就是震惊全国的"8·10"事件。当时金融系统的不完善就此完全暴露在公众面前。这次事件发生后一个月,国家针对该弱点立刻成立了国务院证券委员会。

在这次股市危机中,不少人成为获利的赢家,比如中国最凶猛和神秘的庄家吕梁，还有此时名不见经传的唐万新，等等。在这些赢家和巨大的财富诱惑背后，还有不少罪恶和欺诈。

说到股市欺诈，在此不得不提到两个反面人物：一个是原野公司恶意操纵股价的黑手——彭建东；一个就是缔造了惊天商业骗局的长城企业老总——沈太福。

彭建东是个极具钻营才能的人，他于1987年在深圳创立了原野纺织股份有限公司，之后原野就成为深交所上市最早的公司之一。1990至1992年这两年的时间里，彭建东屡次通过股权变换的方式刻意操纵股价上升并趁机大量套现，在不到十年的时间里，他获得了巨额财富，其富有程度一度堪比香港首富李嘉诚。

在1991年底，原野股票遭到证监会彻查，证监会于次年正式宣布原野停牌，而此时赚得盆满钵满的彭建东携妻儿早已逃到澳大利亚。在中国股市建立初期，彭建东就这样在这滩浑水中大捞一笔，制度的缺陷和法律上的空子让一批人在这样一个特殊的年代以一种畸形的方式一夜暴富。中国股市的成长与发展之艰难可见一斑。

长城机电技术开发公司的老总沈太福是另一个由于扰乱国家金融政策而下马的实例。在1992到1993年这个国民投资热情异常高涨而国家金融管制相对严格的年代，这个身材矮小的吉林人，把许多投资者都吸引到一个天大的民间金融集资游戏中。

他首先向省市电信局承诺33%的定额投资回报，随后又运用媒体宣传手段将这种集资推向高潮。在全国人民都认为这是新兴科技实业振兴中国的时候，沈太福的商业骗局真正被推向了一个高潮。到1993年初，沈太福的长城机电技术开发公司已经在全国范围内集资10多亿元人民币，而由沈太福一手打造的官商关系网也一点点成型。

这个时候，国务院总理朱镕基敏感地察觉到，如果"长城模式"的集资渠道形成，国家的金融体制和政策将形同虚设，中国的金融市场和经济将陷入更为可怕的深渊。于是，针对长城公司的一场金融彻查开始了，1993年3月6日，中央向长城集团正式下达了《关于北京长城机电产业集团公司及其子公司乱集资问题的通报》，沈太福的集资美梦就此戛然而止。"长城模式"的终结无疑给当时的国民投资热泼了一盆冷水，让国民冷静下来，也给民众和国家相关部门敲响了警钟。

实际上，沈太福的集资事件在这一年并不是个案。

当年的投资热让中国经济狠狠地燃烧了一把，经济过热发展带来的金融秩序紊乱令政府的金融管制面临巨大的压力。1993年是中国股市大热之年，但也正是这股子热劲让中央政府加强了警惕防范之心，随后对金融体制的管理力度也不断加大。

除了内部危机，外部危机也产生了。

1997年，亚洲爆发的金融风暴从泰国开始，泰铢贬值。不久，这场风暴就横扫菲律宾、马来西亚、印尼、新加坡等地，让中国周边的国家遭遇了有史以来最惨痛的经济危机。这些国家的居民财产跌幅都达到了40%以上，其中韩国更是一度到了崩溃的边缘，不得不向美日求救。没有遭到直接袭击的中国同样无法幸免于难，虽然金融风暴遏制了多年来中国经济发展过热的势头，但是中国经济在此时也已经处于危险的边缘。

1998年，朱镕基总理在金融风暴肆虐亚洲时立下誓言，他承诺在这四年内完成三件事情,一是力保人民币不贬值,二是激活经济、启动内需,三是用三年时间让国有企业摆脱困境。后来的实践和事实证明,他做到了。这位雷厉风行的总理在中国最艰难的时期顶住了来自国内和国际的压力,始终坚持着自己的改革理念,使中国承受住了历史的考验。

1998年,金融大鳄索罗斯又将金融资本袭击的目标瞄准了中国,由于中国内地对国际金融资本一直以来有着严格的管制,索罗斯见不好下手就将目标瞄向了刚刚回归中国不久的香港地区。1998年1月香港暴发禽流感,在全港市民陷入一场禽流感恐慌的同时,索罗斯也发动了他的这场金融大战。

这次索罗斯针对香港的袭击可以用惨烈来形容。8月5日到11日香港经济重度受损,总市值蒸发了约2万亿港币,香港的金融市场处于崩溃的边缘。8月13日,香港特区政府在中国政府的强力支持下携巨额外汇基金进入股票市场和期货市场,与索罗斯进行了直接的对抗。直至8月28日,双方决战之日香港的股市动荡不安,国际炒家疯狂抛盘,香港政府都是照单全收,直至下午4点恒生指数和期货指数分别稳坐7829点和7851点。在与索罗斯集团一役中,中国方面可谓取得了彻底性的胜利,后期统计在此次金融战役中中方共投入1637亿港币之多。

不过,中国的经济状况并没有因为这次胜利而好转。同年6月,长江流域遭遇了百年一遇的洪水灾难,国家形势一片危急。此时国民储蓄却高达5万亿元,全国消费过冷趋势愈演愈烈。朱镕基总理将目光瞄向了房地产行业,他试图通过推动房地产行业的兴起来刺激国民消费,实现恢复国民经济的目的。这一决策直接掀起了房地产业长达十余年的行业热潮,房地产及相关产业的快速发展从整体启动了中国经济复苏的链条。

原　罪

我们将镜头转到一个潮汕商人那里，他是黄光裕。1987年，他17岁，在北京珠市口开了一家不足100平方米的电器店，靠着薄利多销的传统经营秘诀，到1993年，他逐渐在京城闯出了一点儿小名气。

1999年，黄光裕开始从单店向全国扩张，不断复制这个电器店的成功经验，走上了连锁经营的道路。他坚持新店面积不小于1000平方米，并且，每开一家新店，必须以广告轰炸和低价两项"必杀"战略迅速占领当地市场。

2004年的胡润中国百富榜上，黄光裕以105亿元资产成为中国首富。实际上，黄光裕的成功更多仰仗的是经济发展的大势。在那个"渠道为王"的大背景下，家电厂家称中国本土市场为"红海"，甚至出现了中国本土企业通过大量收购外国企业与品牌，用这种方式将中国的规模生产与成本优势转移到海外市场，直接打进海外销售渠道的现象。

在白手起家的神话后面，传言一直相生相伴，这一点黄光裕与其他很多富豪类似。他被直指国美电器最初靠经营走私品起家，还一直被指责有见不得光的交易。2010年8月30日，黄光裕以涉嫌非法经营罪、内幕交易罪、单位行贿罪入狱。

黄光裕的人生就是一个典型的"原罪"的例子，这里所谓原罪无非是指民企创业之初采取了畸形甚至违法的发展手段。

在临近2006年年底的时候，民营企业家原罪的问题成为人们关注的焦点。

一些问题富豪伴随着关于原罪的争论，纷纷进入人们的视野。10月，广东顺德金冠涂料集团董事局主席周伟彬，因涉嫌偷税被有关部门刑拘；11月，创维集团前董事局主席黄宏生因涉嫌偷窃、诈骗等罪名在香港区域法院受审；北京物美商业集团股份有限公司董事长张文中正式辞职，以个人身份配合中纪委对相关房地产事宜进行调查；12月，原科龙电器董事长顾雏军等9名高管刑事诉讼案在广东省佛山市中级人民法院再次开庭审理，顾雏军不惜以绝食来要求公开审理和证明自己无罪……

在两年后的第六届重庆民营企业家年会上，中共重庆市委书记汪洋面对到场的700多名民营企业家说："民营经济作为改革开放以来迅猛发展的新的经济力量，创业初期的不规范既是其与生俱来的胎记，也是其生机勃勃的活力所在。有关部门要给民营经济最大程度的宽容和理解。"他希望努力营造一种容忍失败、鼓励探索的宽松环境去鼓励民营企业的发展。

事实上，早在汪洋之前，全国工商联党组书记胡德平就对此现象公开发表过看法。11月23日《南方周末》刊发《胡德平：清算"第一桶金"就是否定改革成绩》，在该文中，胡德平提出，"对于清算'第一桶金'的说法，说得不好，这是在否定改革的巨大成绩"。他认为，民企真正的法律地位在1988年才确立，"如果不考虑历史环境，一味用法律、宪法的大帽子扣，非常吓人，但不能服人"。

11月28日，《南方周末》发表《问题富豪拽出民营企业家"原罪"大讨论》一文。在此文中，早在2003年就对富豪原罪问题进行研究的经济学家、北京科技大学经济管理学院教授赵晓表示，有关原罪的讨论之所以会一年接一年地不断出现，主要是由于市场上"没有制定一个良好的游戏规则"。

赵晓的"木炭理论"引起很多人的注意。他认为，很多民营企业家的诞生本身可以看作是一根木炭，如果你试图去把它洗白，那么最终的结果是把整根木炭都洗掉，木炭还是洗不白。至于原罪的根源，除上述原因外，四通集团董事长段永基的看法得到很多专家的认同。他认为，资源分配没有实现市场化，给暗箱操作提供了空间，造成违法乱纪，出现经济犯罪现象。段永基呼吁，应尽快实行资源分配市场化，才是治本之道。在11月21日的《中华工商时报》上，段永基发表署名文章《建议成立36条独立审阅机构》，建议政府有关部门把更多资源配置功能让给市场，为民营企业开放更大的发展空间。

清华大学公共管理学院的贾西津表示，宗教上原罪的概念和法律上犯罪的概念不同。贾西津更愿意把出轨的民营企业家称为"闯红灯者"，要不要追究他们犯的过错，要看他们的行为是否违反了当时的法律法规。如果他们当初没有不违法的选择，这可能又是另外一种情况；如果他们违反了当时的有关法律法规，现在要依法处理，那么就要考虑一个公平问题，不能处理一部分人，纵容一部分人。

综合一些专家的看法，对于民营企业家的原罪问题，主要有三个方面的观点：一是赦免说，认为民营企业家的原罪有其特殊历史背景，应既往不咎。经济学家厉以宁认为，民营企业家实际上并不存在所谓原罪，而应叫"原始创业积累"。由当初政策不清所产生的一些问题，只要不是违法所得，就没有什么好负罪的。二是折中说，要根据实际情况对原罪问题一分为二，既承认民营企业家的原罪，又主张适当惩罚。郎咸平教授主张"轻罪和解，重罪司法"，要清晰界定原罪内涵。第三种是清算说，承认民营企业家的原罪是客观存在的，应该给他们以适当的处理，维护法律尊严和公众视听。

原罪和产权纠纷与民营企业始终如影随形。在改革开放初期人们并没有意识到产权明晰化的重要性，但伴随着企业规模不断扩大，产值不断增多，股权纠纷问题不断冲进人们的视野。最让人记忆深刻的莫过于近年来发生的黄光裕与陈晓之间的股权风波。

"我也不知道事情为什么会变成今天这个样子。作为一个创业者，我把自己的公司与别人合并，就像把自己的孩子托付给别人，如果我和黄光裕当初在志向上有很大的差距，是不可能走在一起的。"陈晓说。

如果用一个词来形容陈晓，"命运多舛"用在他身上或许再恰当不过了。他曾经创下过永乐电器的辉煌，也曾在国美落难之际顶起重任，在商场上算得上是成功人士，但却有着一段悲戚的过去。

1996年底，陈晓与46位同事，一起筹集了96万元，以买断工龄的形式换回来永乐电器这一品牌。

在陈晓掌权后，永乐越做越大。据公开的资料显示，2003年开始，陈晓率领永乐电器布局全国市场，2004年，永乐就拥有108家门店，年总销售额达160亿元，成为中国商业零售业及中国连锁行业十强企业。

2005年10月，永乐电器在香港成功上市。与此同时，国美、大中、苏宁等家电连锁企业也在迅速崛起。此时，陈晓发现永乐要赢得与摩根士丹利签下的对赌协议是不可能的。在这场对赌中，陈晓彻底败下阵来，公司的股价迅速走低。到了2006年7月，刚刚上市9个月的永乐电器，在困境中主动投入了国美的怀抱。当年11月30日起，陈晓开始担任国美电器的总裁。

命运时刻都在考验着陈晓。他刚来国美不到两年，黄光裕就出事了。原本是陈晓的"孩子"托付给了黄光裕，转而变成黄光裕"托孤"。而黄、陈的恩怨也就此展开。

2008年11月19日黄光裕以操纵股价罪被调查，陈晓顺理成章成了国美的掌舵人，陈晓再次尝到当老大的滋味。2010年5月18日，北京市第二中级人民法院判处黄光裕有期徒刑14年。此时陈晓决定引进外国资本贝恩成为国美的战略投资者，不过，这遭到处在服刑期的黄光裕的强烈反对。而陈晓的控制欲也再次显现，直接召开董事会推翻了黄光裕的反对议案，陈晓和黄光裕正式决裂。

这一场决裂风波正式落下帷幕是大中电器创始人张大中接任国美总裁一职。这场风波中谈不上谁是胜利者，但值得我们深思。我国部分民营企业在做大做强后纷纷迈向了资本市场，而民营企业未来发展中也将面临如何选择适合的管理结构，如何看待职业经理人等问题，对于这些，国美股权风波提供了很好的案例。

营销风波

伴随着全国"十四大"的召开，社会主义市场经济体制的提出，中国经济又面临着一个新的阶段。

面对未知的未来，我们不禁要问：中国的民营企业在这个遍地是机遇的年代里，该如何稳定快速的发展？面对外资企业的竞争，中国的民族企业该选择怎样的竞争道路？模仿与学习，财富与道德，在中国社会发生了激烈的冲突。中国民营企业在这条看似顺畅平坦实则坎坷凶险的路上能走多远，中国的企业家们将要接受什么样的考验和思想震动？

1996年，中国的企业家和经济学家们发出这样的号召——"中国谁也不想领导，中国只想领导自己""中国需要研究自己，中国需要集体英雄主义"。不管在民营企业的建设和发展中遇到什么挫折，他们都始终心怀这样的民族热情和振兴中国经济的伟大梦想前进着！

此时的中国企业也不乏亮点。那些在上一个改革期建立起来的公司在1992年已经进入了一个新的发展阶段：

张瑞敏和他的海尔已经成为国家一级示范企业；柳传志的联想经历了1989年后的国家经济危机终于有所缓和，柳传志敏感的商业触觉看到了家庭电脑的市场前景，联想即将进入一个新的发展阶段；王石和他的万科公司在这个时候已经变成一家以经营房地产为主同时又涉足超市、饮食、娱乐行业的集团公司。同期，乡镇企业也进入了一个新的发展机遇期，鲁冠球的万向集团已经发展成为一个市值几十亿元的大公司，1993年它就完成了上市；禹作敏和他的大邱庄已经发展成了全国的"首富村"，全村人的年平均收入竟然已经是全国水平的十倍；四川刘永好四兄弟已经发展成为全国饲料大王……

1993年，由于上一年全国经济发展情势较好，人们因此非常乐观。在这个时期里，中国企业不断做大做强已经成为一种普遍的现象，而中国地域化发展的民营公司已经逐渐转战至全国市场。但是，在公司做大做强的道路上，中国的企业家们应该以一种什么样的心态去面对公司的发展，这成为这个时代民营企业的主题。

现代企业的发展方式在这个时代中国企业不断地发展下，渐渐地摸索出来，以广告宣传为首的营销手段也一再创新。相比于80年代宗庆后为打开娃哈哈市场狂轰滥炸的广告投放这样粗糙的营销手段，这个时期的企业家们有了更多的创意和战略眼光。

1992年，一个叫何阳的人催生了一个新的行业——咨询策划行业，并凭此走入了大家的视线。他的工作内容是为企业出点子促其发展。相比于上个十年盲目地发展经济，追求高耗损的工业建设，虽然这个时候的中国仍旧无法摆脱这样的模式，但是我们可以渐渐地在历史的缝隙中看到高科技和现代营销的发展趋势。

1994年是中国保健品行业大热的一年。一个叫何伯权的企业家首先引领了保健品的大热浪潮，他创建的乐百氏在20世纪90年代十分畅销，而这一次他携手中国女子长跑教练马俊仁，带着冠军的光环来到了消费者面前。

何伯权声称花费了1000万资金与马俊仁交换了马家军夺得冠军的秘方，该秘方将变成名为生命核能的新保健产品投入市场。生命核能一经宣布就大获成功，马家军的名人效应和冠军效应让生命核能在中国市场上所向披靡。乐百氏的成功带来了中国保健品、饮料食品行业的热潮。

中国这个时期的保健品市场占领手段还十分单一，但狂轰滥炸的广告投放手段在1994年得到了转变，那些能够将广告和媒体运用得好的公司在这一方面得到了巨额利润回报。比如姜伟带领的飞龙企业，这家企业在姜伟坚持的"广告—市场—效益"的营销循环战略中得到了最大的收益，到1994年广告投资过亿元的同时利润也飙升至2亿元之高。飞龙企业的营销模式启发了许多渴望成功但又缺乏营销手段的企业家，受飞龙模式影响的三株企业就此建立，在这个通过广告投放获得巨大收益的年代里，三株将给我们讲述一段中国企业家成长和颠覆的商业故事。

三株首先实行的是利用广告轰炸来进入市场，与飞龙不同的是，三株盯上了电视广告。同时，三株还在广告营销模式中创造了刷墙战略，这种无成本的广告投放在广大的农村市场获得了极大收益。三株还十分有创造性地发明了"专家义诊"的营销模式，种种营销模式在尚不完善的中国市场屡试不爽。1995年的时候，三株的销售额已经达到了20亿元之多。

但是，当时三株、飞龙给中国市场带来的负面影响也是不言而喻的。商家为了推销产品，任意夸大产品功能，毫不顾忌消费者感受和智商的广告策略在之后很长一段时间内影响了一代中国企业的发展。中国企业家的商业道德和诚信底线一度到了崩溃边缘，任何促进销售的方法都值得一试，一切道德、诚信都无法比过营业利润和销售额报表上的数字。所有一切对消费者不负责任的做法所带来的恶果，将在几年后让他们得到真正的惩罚。

1997年，三株企业遭遇了毁灭性的偶然事件。这一年年初，一位湖南老汉买了10瓶三株口服液，服用后遍体红肿瘙痒，不久病发身亡。老汉家属一纸诉状告到了湖南常德法院，法院判决三株口服液为不合格产品。从此，已经实现了80亿元销售额的三株停产，一蹶不振。三株的毁灭性倒塌带来了整个保健品行业的震动，这一年已经陷入企业危机的飞龙公司的总裁姜伟写了一篇《我的错误》公之于众。年底，做保健品发家走上多元化经营道路的太阳神企业创始人怀汉新也黯然辞职。

1997年，中国企业的雪崩之年。轰轰烈烈搞了几年的广告大战终于告一段落，那些曾经名震一时的民营企业在不同的挫折和考验中销声匿迹。它们都是时代的产物，是正处在青春期的中国市场下躁动的产物，这个时候，不仅企业家是躁动的，整个市场都是这样。在过去的十多年里，新的体制在破碎的计划经济体制上建立起来，人们从计划经济体制下的僵化思想里解放出来，然而这些在建立新体制中形成的思维突破又像一把双刃剑一样，让一代人变得藐视常规。人们对于制度性的约束变得漫不经心，企业家们关注的重点变成了速度、效率和销售额。

企业家们如果能在竞争过程中坚持原则，那么，他们就能够在市场信用崩溃时得以存活。在保健品市场异常活跃的时候，做保健出身的健力宝受到了极大的威胁和挑战。在面对竞争激烈的保健品市场时，健力宝的创始人李经纬做出了一个重要的选择——杜绝健力宝做虚假、夸大的广告。在那个虚假广告铺天盖地的年代里，这样一个宝贵的坚持显现出了李经纬作为企业家最珍贵的品质，也正是因为这个坚持，让健力宝在保健品市场崩溃这一年幸免于难，还有一定的发展。

1997年，因保健品行业崩溃而带来的中国民营企业的又一个冬天，再次让中国民营企业有了一次深刻的感悟。可以说这个时代的人们悲喜交加，成功的企业家在失败者身上得到警醒。中国的实业制造企业开始走上了质量、产品和服务的全新年代，以海尔为代表的中国民营企业在中国企业发展历史上又将书写新的一笔。人们铭记那些过去的伤痛，时刻提醒着自己。中国的企业家们在这次寒冬中又一次得到了成长，面对挫折和困难他们没有抱怨，只是带着他们的梦想，吸取教训继续奋勇前进。

战略抉择

到了 1994 年,已经渐渐成长的中国企业更加渴望突破体制,年轻的企业家们充满创造力的同时又无所顾忌。所以,众多的中国大型企业在 1994 到 2000 年间开始走上了多元化的发展道路。

我们暂且不提他们能在这条艰险的道路上走多远,但是我们不得不说有两个原因促使他们走上这条艰险的道路。第一个是企业家的自主选择,比较著名的例子就是王石的万科公司和史玉柱的巨人集团。第二个,从 1996 年开始国家提出"抓大放小"战略,随之启程的还有中国的"500 强梦想",可以看出大型企业的发展实际上与当时国家的经济政策和长期战略有着密切的关系。在企业多元化道路上,王石与史玉柱日后都在其中吸取到经验,不过是正好相反的两个例子。

1994年,外资企业举起大旗来犯中国市场,中国电脑业迎来了发展的寒冬。史玉柱这位天才商人敏感地嗅到了危机,与联想采取价格调整的战略不同,他瞄向了这时候炒得正热的保健品市场。

这次战略转移是史玉柱面对危机时的重要选择,现在我们不能说假设史玉柱没有战略转移,中国电脑市场会怎样,历史没有给我们假设的机会。但是,向保健品市场进军的史玉柱带着极大的勇气与激情,书写了一段传奇的历史,尽管这段历史是悲壮的,最后这场战役是失败的。但是 6 年后他又站了起来,这个打造巨人传奇败走保健品市场的天才商人又一次挥军进入保健品市场,以勇气证明着他的才华,以激情书写了一段荡气回肠的公司传奇。

史玉柱在进入保健品市场之前开了一场激动人心的动员大会,扬言一年内拿下保健品市场，月营业利润过亿元。此次针对保健品市场的战争布局宏大，史玉柱挥军进入其中，一时间中国保健品市场被这个狂热的天才搅得天昏地暗。

1997年1月，巨人集团惊爆财务危机，债权人上门催债，巨人大厦也因资金短缺而停止修建，走多元化道路的史玉柱走到了穷途末路。1997年1月到5月，不到半年的时间里，巨人这个叱咤中国的名牌公司就此崩塌，史玉柱这个激励了一代年轻人的青年榜样身无分文地离开了珠海这个伤心地。他曾经在这里缔造辉煌和传奇，但也是在这里，他的巨人公司轰然倒塌，让当时的整个中国都为之震惊。

相比较而言，理智又谨慎的王石也在这时候做出了不同的选择。1994年，王石的公司正走在一条多元化的道路上，他可以说是中国最早清醒的企业家之一，也是中国最早实现多元化经营的企业家。

但一次偶然的机会让王石从多元化的财团梦中惊醒。一次王石去香港筹资炒股，一位基金经理问他："王总，您的万科公司到底是做什么的？"一语惊醒梦中人，王石回去重新计算了多元化投资的成本与利润，结论让他目瞪口呆。

后来，王石在万科公司的内部刊物上发表了一篇文章，里面这样写道："新兴企业千万不要认为这是扩张的时机，现在对'无产者'来说是一个机会，有10%~15%的人会因此成为'有产者'，他们干不好无非还是一个'无产者'，他们可以去搏。但是对那些80年代末90年代初创立的企业来说，现在不是扩张的时候，要控制住自己。"

那个时代的中国被史玉柱式的热情烧得热火冲天，高速增长的经济，民众消费能力的大幅度提高以及各行业几乎都出现的膨胀性发展既让企业家们对未来市场的估计失去了理智,又让"扩张、做大"的口号有了实现的可能。

1996年,山东诸城的国有企业改革经验在国有企业改革这个大背景下受到了中央的重视。朱镕基总理亲自来到山东诸城听取诸城改革经验汇报,年末政府真正提出了"抓大放小"战略的实施。伴随着对国有企业的"抓大"战略,一个向世界500强迈进的梦想由此启程。

从1995年世界500强来到中国以后,中国企业向着500强迈进的步伐便没有停止过。在向世界迈进的过程中,中国企业显示出了这个"年轻"的国家和年轻的市场以及它年轻的公司各方面的缺陷和不完善之处。

在500强梦想中有一个著名的例子,那就是赵新先和他的三九药业。

1996年,国家真正颁布"抓大放小"战略时,赵新先第一个看到了契机。赵新先通过投资并购老的国营企业,先后并购了数十家企业,仅仅用五年时间,赵新先的三九集团的总资产就高达186亿元人民币,成为中国最大的医药企业。同时企业旗下进行了多元化经营,跨行业之广也令人惊叹。

三九集团最辉煌的一点就是它代表的中国中医药行业正在向世界迈进,所有人都对这个企业充满希望。但是,三九集团还是以失败告终了。2003年,三九集团负债累累,赵新先这个中医药狂人在企业走下坡路时又铤而走险,一方面与国资委谈条件试图缓解三九危机,另一方面又想通过资金境外转移来确保自己的利益。2005年,赵新先这个在中国经济膨胀期赶上这场"放小"狂潮的商人,最后踉跄入狱。

这个时代,多元化道路多半是一条艰难而又危险的试探。许许多多想要尝试中国财团梦的企业家们都在这场切切实实的战争中得到了血的教训。他们的激情似乎与他们本身的实际年龄没有关系，在这个狂热的时代中，能够保持清醒，像王石一样坚持走专业化道路的企业家是多么宝贵。

当然，史玉柱这个昔日的青年偶像还是以一种独特的方式重新站了起来，他用他独有的企业家精神向世人证明，他带着梦想，从不抱怨失败和痛苦，他有的是激情和奋斗的决心。中国的企业家们，充满着梦想！

从1989年开始，整个中国民营企业的发展被一场漫长的产权明晰化运动所影响。没有明晰的股权，企业就找不到真正的主人。没有真正的主人，企业就称不上是一个完整的经济体。在这漫长的产权明晰化运动中，中国不少企业都经历了起起伏伏。

纵观历史，我们不得不感叹，在企业改革的问题上，中国还有很长的路要走。产权问题一直是改革开放以来中国企业发展史上的一个无法解决的问题。在产权改革问题上，健力宝是最著名的由于产权改革而走向落败的例子。这个中国饮料行业昔日的传奇在产权改革上经历的滑铁卢足以让中国的企业警醒，产权改革的重要性也正是从这里体现出来。

其实早在1994年开始，李经纬就开始琢磨产权明晰化的问题。但是，三水地方政府紧紧抓住健力宝的产权问题，生怕跑掉了这个"钱袋子"。

到了1997年，李经纬与三水政府的关系已经到了势同水火的地步，双方的矛盾越来越深。李经纬一怒之下将健力宝总部迁到了广州，但与此同时，政府对健力宝公司的控制也越来越严格。在这种双方的拉锯战中，健力宝终于磨掉了它的锋芒，1996年健力宝获选"中国驰名商标"，年销售额达到了50亿元，但到2002年的时候，历经无数挫折的李经纬最终非但没有拿到健力宝的股份，还被控告贪污。2007年，健力宝已经沦为中国饮料市场的二流产品。

　　这个曾经的饮料大王最后的悲惨落幕让我们不得不唏嘘。产权明晰化给企业带来的不仅是企业主人地位的确定,更多的是企业顺利运行的保障。产权明晰化运动在这个时期仍旧没有结束,中国仍然走在这条公司改制的艰难道路上。到底公司要怎么改,法律和政策没有一个明确的批文和解释,于是在中国的企业改制中出现的各种各样的悲剧,我们应该也可以理解了。

　　20世纪80年代创办企业的企业家们,他们收获的不仅是滚滚的财富,更多的是考验——柳传志在艰难的险境中完成了产权问题的转化,但是随之而来的合伙人出走和外资企业的大举入境让联想遭遇了前所未有的挑战;王石从一条多元化的路上猛然惊醒,这个敏感的商人在多元化泛滥的年代里拥有的这种清醒让他在之后的人生中受益匪浅;张瑞敏和他的海尔在这个时候开始向世界市场发起冲击,但是一个科技落后的发展中国家的家电龙头能否成为世界500强中的一员,这一切仍旧是个未知数……

　　但是,不得不提的是,那些很早就完成了产权改革的企业,相当于早早挖掉了一颗埋藏在地底的炸弹,因此它们在日后的企业扩张和发展过程中能够走得更自由。在产权明晰化运动中,中国企业有喜有悲,这是在任何一个国家的企业改革史上都可能出现的问题。没有苦痛就没有成长,正因为如此,那些能够在风雨中成长起来的企业才有可能成为真正的行业龙头。

　　1992年到2000年,中国处在这样一个年代里:市场经济体制的最终确立让全中国的人都十分兴奋和激动,激发了他们建设经济的热情。随着邓小平同志的第二次南巡,中国经济又爆发了第二个增长点,而在高速经济发展的局势中,中国企业家显示出了他们强大的活力和对市场的经验不足。

我们看到了很多叱咤风云一时的企业，它们在热潮中诞生，它们快速崛起，销售额、利润等一切数字都令人瞠目结舌。同时，企业家们的诚信和道德底线也一再受到冲击，我们看到了三株的灭亡、巨人的倒塌……

这个时期的中国像是个狂奔的少年，不知何为恐惧，对未来充满希望。泥泞的道路和现实的打击让这个狂奔的少年渐渐学会放缓脚步，前方不再是一片光明，可能是未知和黑暗的情况，也让这个无知的少年学会理智和冷静。

在这个经济高速发展的时期，中国的企业家们对世界高调地发出了他们的宣言：复兴中华、振兴中国。但是，在走向世界的路上，真的有那么简单和顺利吗？当然不是。中国正经历艰难的蜕变过程，但只有这样，中国才能逐渐强大起来。

THE

CHINESE

DREAM

第六章

走向世界

全球化序幕

  1992 到 2000 年这不到十年的时间成为外资进入中国最积极和热情的时期。1992 年社会主义市场经济的提出和确立，彻底打破了中国原有的计划经济体制，"新"中国在世界舞台上的面貌似乎更容易让西方发达国家接受，跨国企业纷纷迫不及待地入驻中国，加大投入，试图在这个潜力巨大的市场里抢占先机，分得一杯羹。

  中国社会和中国市场随着跨国企业投资的增多而出现了国际化趋势，人们的生活方式越来越西化，20 世纪 70 年代落后于世界的局面渐渐消失。不过面对新的世界、新的事物和不断涌进的更多的西方产物，中国的社会将往何方发展，中西方矛盾的显现越来越突出，中国将如何与世界接轨？

  跨国企业从 1992 年开始加快了进入中国的脚步，改革开放的中国如同一块巨大无比的诱人蛋糕吸引着来自世界各地的投资商们。克莱斯勒、摩托罗拉、杜邦等大的跨国公司悉数恢复了它们在中国市场的投资，其他的国际企业也在中国开始了大规模的投资，雅芳的产品经理笑言："1990 年 11 月进入中国市场以来，我们已经聘用了 8000 位销售小姐。中国市场的前景十分乐观。"

  美国的商业传奇人物杰克·韦尔奇在这一年夏天，携美国通用电气公司（GE）来到中国，他兴奋地说："中国是目前世界上最激动人心的市场，

GE将在80多年后重返中国。"其他的跨国公司同样在中国越来越明朗的局势中看到了曙光,然而在1992年,中美关系看似缓和,但实际上仍旧紧张,面对中国经济的高速发展,中国商品向世界出口的趋势有增无减。

1992年1月,中美针对出口贸易谈判产生了剧烈的摩擦。中国进入世界的脚步似乎加快了许多,但是,一个在经济上年轻的中国真的准备好进入这个没有退路的经济全球化旅程了吗?答案我们不得而知,但是事实是不可否认的,中国企业、中国政府将与前来投资的跨国企业上演一场有关全球化的争夺战。

1993年,跨国公司开始对中国进行大规模投资,经历了上一年在中国的观望和试探之后,跨国公司开启了它们对中国市场的狂热幻想,巨大金额的外资不断涌入中国市场。1993年合同外资达到1114亿美元,金额是上一年的2倍以上。

外资的扩张之路正在如火如荼地进行着。

这一年,肯德基第一家特许经营店开业;全球日化巨头宝洁公司更是在中国一口气建立了4家日化公司和5家日化专线生产工厂,加快了它的扩张脚步;柯达面对日本富士的竞争,投资赞助了在上海举办的第一届东亚运动会,把业务重点瞄准了中国市场;在摩托罗拉进入中国第六个年头里,诺基亚也开始进入中国市场并向中国提供GSM移动电话,全球两大通信产品先锋在中国市场的竞争即将拉开帷幕。此外在汽车行业,相比于已经在中国发展了16年的德国大众,福特和通用两家公司来得就相对晚一些,但是在1993年它们最终还是将目光瞄向了这块巨大的市场,在之后的十多年里三家行业国际巨头将在中国这片战场上进行激烈的拼杀,而这一年只是一个开端而已……

外资企业与中国企业的合资经营是它们进入中国的另一个方式。合资经营在改革开放之初的1978年就已经引入中国，这个概念的提出者是通用公司的董事长墨菲，1978年墨菲就曾经试图通过与中国国有企业合资的方式打入中国市场，而中国方面在邓小平的授意下欣然同意，但是巧合和奇妙的是，最终通用公司单方决定停止合资行为。这家全球汽车行业巨头就此错过了占领中国市场的最佳时机，等到1997年通用公司入驻上海时，德国大众已经占领先机成为中国汽车市场的鳌头。

合资经营这种方式可以让外国企业顺利进入中国，一方面能够通过资本、技术与现金控制企业股份，另一方面又能够在中方就地使用相对廉价的劳动力和土地租金。对中方而言，外资的进入也未尝不是一件好事，这成为一种双赢的良性循环。

我们不难从上文中发现，国家曾经数度通过外资投入尝试对中国的旧体制、旧企业进行改革，外资的进入确实在一定程度上使中国企业焕发了新的活力。对于落后的国有企业而言，新的管理制度和技术标准，强大的营销网络和销售渠道无异于灵丹妙药。于是中外合资企业一度成为中国企业改革中的标杆。

在1995年，外资投资的热情终于有所降温，中国国内一场民族企业复兴的热潮席卷中国。在某些特定行业中，民族品牌与外国品牌的大战一触即发。

首先爆发的就是在电脑行业的民族品牌大戏。

1994年,欧美资本主义发达国家不得向中国出口计算机的禁令失效,惠普、IBM等著名跨国电脑公司开始大张旗鼓地进军中国市场，被称为中国硅谷的北京中关村一时风声鹤唳。面对电脑市场的外军来袭，联想和巨人都面临着最严峻的形势。这两家公司的总裁柳传志和史玉柱做了两个截然相反的决定：一个顶住了强风来袭，逆流而上，选择强有力的市场战略向国际公司挑战并最终打败了跨国企业；另一个则审时度势地选择跳出电脑行业，走多元化发展之路。

柳传志视1994年为联想的转折年，当时联想处于内外交困的极端不利环境下。外有跨国企业强敌虎视眈眈，内有合作多年的伙伴倪光南与自己在公司发展方向上产生了激烈的冲突，50岁的柳传志此时陷入了职业生涯的最低谷。但就是在此危急时刻，柳传志制定了对联想发展有着关键作用的全新战略。他做出了影响联想发展的至关重要的两个决定，一个是联想股权的清晰化彻底实行，另一个就是舍弃技术型发展战略，走适应中国市场的营销策略。

很快，这两项战略就在第二年产生了极大的效应。1995年，柳传志任命新上任的年轻总经理杨元庆，下达了"必须把成本下降一半"的死命令。正是成本下降的经济型联想电脑，让联想在全国电脑业中死而复生，并且这一把"联想之火"带动了整个中国电脑行业民族品牌的降价风，跨国企业在这一年输得很惨。

1994年，振兴民族工业的呼声愈喊愈烈，其他行业也被联想的民族品牌效应迅速影响。国内的彩电行业在1995年也发动了一场剧烈的价格保卫战。李东生的TCL、倪润峰的长虹，纷纷针对占领中国彩电市场龙头的日本企业发起了挑战，而降价战略则是他们共同的选择。这场针对日本企业的价格战打了三年之久，到1997年，中国彩电市场步入了由大公司瓜分的时代，地方割据的局面就此得到统一，这标志着中国彩电市场的成熟。长虹、TCL国产品牌打败了跨国企业，这在1995年民族工业复兴呼声最高的年代，鼓舞了许多民族企业的发展，多年以后人们仍然对这场彩电大商战记忆犹新。

然而，并不是所有人都像柳传志、李东生和倪润峰这样在对抗跨国企业的战争中取得成功。在面对可口可乐、肯德基和麦当劳这种全球化的国际超级大公司时，中国的民族企业仍显得稚嫩。它们虽然有着复兴民族的强烈愿望，但是，现实的残酷让它们在与国际超级大公司的竞争中捉襟见肘，不得不以悲剧的局面草草收场。针对弱势的民族企业，跨国公司选择的强势战略就是通过合资的形式进行品牌"雪藏"，这成为国际公司消灭本土竞争对手最有效的策略之一。

但是，本土企业与跨国企业也面临融合难的问题。

第一个问题就是本土企业普遍存在的技术落后同跨国企业的先进技术有着鲜明的矛盾。通用公司、惠而浦这些国际巨头们在中国市场竞争中的表现，则像明显水土不服的孩子，它们显然没有意识到中国市场营销策略上的问题。日后惠而浦中国区总裁施德承检讨时说："无论经验还是教训，用一句话来总结，就是要有耐心！就像通用电气的韦尔奇说的，'理解中国市场的关键词是耐心！'"

而中国民族企业也没有足够重视跨国公司的先进技术，尽管在电脑行业和彩电行业甚至其他家电行业中国企业都战胜了跨国企业，但是核心技术一直没有突破，直到现在中国也未能生产出一台从技术到工艺百分百的中国电器，这一直是中国企业的一大软肋。

第二个问题就是东西方文化在交融过程中有较强的矛盾与冲突。由于发达国家的市场已经非常成熟和完善，它们的营销战略和思想与正在高速发展中的中国有着一定距离上的脱节。不能完全适应中国市场、对中国文化的陌生、对中国传统习俗的漠视，这些统统都可以归结为这些跨国公司失败的理由。换句话说，只有本土化程度非常高的跨国企业，才能在中国市场取得长足发展。

20世纪90年代是外资企业大举进入中国的时期，它们有着雄厚的资金、先进的技术和丰富的管理经验，让中国的本土企业在竞争中处于劣势地位。虽然外资企业在进入中国时有着各种各样的困难，文化冲突、管理理念的矛盾等，这在一定程度上让它们进入中国的脚步有所放慢，但是总体而言，这个时代的中国市场还是成为跨国企业猛烈拼杀的战场。中国的企业家们在面临外国企业大举入侵的时候，表现出了强大的民族团结力和凝聚力。尽管与跨国公司的竞争是惨烈的，但是，中国的企业家们付出了努力，并且心中怀有梦想，他们敢于迎难而上，誓与外企较高低！

中国在1992到2000年期间，正逐渐走在一条通往全球化的道路上。自从1993年西方发达国家跨国企业的外资投入猛增，中国的市场变得更加火热。

1992年，中国特区经济建设到了第十四个年头，尤其以广东和海南的经济建设为代表。在那个特殊的年代里，特区对于引进外资显得更为开放和宽松，香港地区以及日本和亚洲其他国家相继对中国内地进行经济投资。在这一年，西方主流媒体提出了一个新的概念和新的名词——大中华区，即以中国南方大陆为中心的，环绕香港、台湾地区的新的经济划分区域。这种划分不是行政性的，也不具备区域性贸易组织体系，但是在同一种文化的吸引和驱动下产生的这种经济集合体，相互吸引、相互补充，逐渐产生了一个在亚洲范围内唯一有可能同日本这个经济强国相抗衡的力量。

在一些经济建设比较好的发达城市里，中国经济的发展程度与世界同步的程度越来越明显。大街小巷处处可见商业广告，人们可以在百货大楼买到日本牌子的相机、摩托罗拉的手机，越来越多的人开始谈论股票，街上的汽车也越来越多。同时，人们的夜生活也越来越丰富，迪厅、酒吧、卡拉OK成为年轻人的最爱，他们爱穿紧身裤和旅游鞋。在当时拥有一双锐步鞋成为一件值得炫耀的事。

1978年破败的中国景象如今已被一片繁华所替代，中国欣欣向荣的经济面貌让世界充满惊讶。中国的企业家们在这不到20年的经济改革和对外开放的时间里，发生了不少的改变，思想观念的转变让老一辈的企业家纷纷将子女送到国外学习、生活。

于是，中国社会出现了这样的新式家庭，那些在经济浪潮中成长和发展起来的乡镇企业家，在经济条件变好以后不再保持朴素的生活作风，他们的子女也变得西化。在改革开放30多年中，两代人的差距越来越明显。

从1992年开始，中国的区域市场不断走向专业化和成熟化。广东顺德企业群是中国最大的家电生产基地，1994年，这里已经是全球最大的电风扇、微波炉和电饭煲的制造中心，容声、美的、万家乐和格兰仕四家家电企业并称中国家电四朵金花，而它们都来自顺德。珠江三角洲、长江一带也形成了一定的工业产业带，在南方，尤以温州市场最为专业化。20世纪80年代初期，温州的私营经济就开始萌芽并发展起来，这里可以说是中国私营经济和民营企业的发源地。尽管在改革中温州的企业遭遇了许多挫折，但是经过十多年的发展，一个逐渐成形的日用小商品专业化市场出现了。

同时，1993年，朱镕基总理做出了汇率改革的金融决策，人民币大幅度贬值让中国成为外资投资商的新宠儿。人民币大幅度贬值给中国带来的不仅是外资投资的增加，对亚洲四小龙也产生了强烈的冲击，中国成为全球制造业中心的命运至此已经不可逆转。

我们可以看到，中国企业雨后春笋般冒出的时期已经过去了，现在它们正在伴着历史的潮流有意无意地形成中国的工业带和企业群。值得深思的是，不论中国出现多少"制造中心""全国第一"甚至"全球第一"，中国始终不能摆脱世界工厂的命运。中国经济发展起步太晚，基本上处于所有制造业产业链的末端，能源消耗大、劳动力价格低廉是中国的特点，更是中国沦为世界工厂命运的根源。

在这个阶段中，中国正在被外资世界化着，而世界也正被中国化着，这在整个经济全球化的大背景下是无法避免的事情。在经济全球化的过程中，中国企业将要接受来自世界的严峻挑战，而中国的企业家们能否接受这种挑战？结果是不言而喻的。2001年中国加入WTO后，为世界市场做出了巨大贡献。世界化的中国正在显示出它强大的活力和魅力，中国将在之后的历史中一再证明，它是一个充满着梦想和活力的国度。

当然，区域化市场和行业化大公司的出现让中国有着向世界级成熟市场转变的可能。中国在改革的过程中艰难地成长起来，中国的企业家们依旧充满着梦想。

与世界接轨

2001年，就像一年四季中的秋季，这是个收获之年。中国加入了WTO，中国终于走向了世界。

早在1986年,中国就向世界关税及贸易协定组织提交了中国政府关于恢复中国在关贸总协定缔约国地位的申请,并引起了全世界的关注。但是,谁都没想到,这一申请就是15年。

事实上,对于中国加入WTO,一开始就在国内外引发了一场深度争议。国际社会认为,1978年的中国"市场经济"并不能成为中国加入WTO的门票。国内也有人认为,加入WTO后可能会引发就业机会锐减、农业崩溃、汽车业和IT业等新兴产业受损。尽管如此,加入WTO,已经是中国坚定的选择。

根据世界银行的数据显示,中国是WTO成员国中遭受反倾销最多的国家,全球每6件反倾销案件中就有1件是针对中国的,中国因此每年损失的贸易额达500亿美元。各种反倾销案层出不穷,成为中国最引人注目的一个国际性问题。

随着"中国制造"如潮水般涌出国门,欧美消费者发现"Made in China"已经和水一样,成了生活中不可缺少的一部分。物美价廉,这是中国制造制胜的独门武器,也是最令世界难以抵挡的竞争力。与此同时,中国制造工业也受到了致命的挑战,贸易摩擦随之而来。然而,世界经济的竞争从来就不是公平的市场竞争,欧美国家针对"Made in China"开始了反倾销的经济战争,开始围剿中国产品。

新千年是中国经济发展的新纪元。中国国内国民生产总值突破1万亿美元大关,进出口总额达到4743亿美元,外汇储备也创纪录地上升到1656亿美元。中国以前所未有的速度走向世界的中心。

为了验证中国重新回到了世界舞台,西方媒体找到了一张照片。那是2000年9月在纽约联合国总部召开的世界千年峰会,150多位世界各国的国家元首参加。联合国的五个常任理事国的国家元首一起合影，而江泽民主席居于照片的中央。为此，西方媒体说："这对中国来说，也许是一个颇有意味的瞬间，因为这恰恰表明，中国重新回到了世界事务的中心。"

这并非是为了吸引众人眼球的一种标新立异的说法，对世界来说，中国确实很重要，并越来越重要。2000年是邓小平提出改革开放的第22个年头，中国成了开放的经济实体，在全世界任何一个国家都可以看到"Made in China"的商品，中国的超市、大卖场、专卖店也充斥着各种外国品牌。不仅如此，到2003年，在吸收外资上中国已经超过美国，成为世界上吸收外资最多的国家。

时间定格在2001年11月10日23时39分，随着卡迈勒手中的木槌敲响，中国正式成为WTO的成员国。15年的努力，在这一天，中国终于走完了"入世"之路。就在这一刻，卡迈勒的木槌让整个世界听到了中国的声音。毫无疑问，从1978年中国改革开放，到加入WTO，我们实现了一次历史性的跨越。

对于中国而言，"入世"意味着对外经贸赢得了可预见的发展环境。无论是对中国本身还是贸易伙伴而言，这都是一条双赢之路，意味着中国产业赢得了更大的规模效益和更多的成长机遇。

也正是因为"入世"，中国外向型经济的前景得到乐观预期，2001年中国对外直接投资猛增。在中国国际收支平衡表上，中国对外直接投资流出70.92亿美元，比上年（22.39亿美元）猛增217%。而根据历年《中国对外直接投资统计公报》显示，2004-2008年间中国对外直接投资流量每年都保持着两位数的增长率，近三年增长更可观，中国已成为新兴对外直接投资大国。

2001-2010年间,中国出口额从2660.98亿美元上升至15777.89亿美元,增长493%,年均增长21.9%。2000-2008年间,世界出口额年均增长12%,中国出口额年均增长24.4%,是世界出口平均增幅的2倍多。

此时,中国贸易规模大幅度扩张,在世界贸易体系中排名不断提升,中国在国际市场上的地位也不断提高,这为中国在世界贸易体系中赢得更大谈判能力奠定了坚实的基础。

为了给整个对外经贸赢得更可预见的发展环境,我们曾不得不接受带有不平等色彩的"入世"条款,12年内可对中国特定产品实施过渡性保障机制,这令不少中国企业在国际贸易摩擦中颇有"人为刀俎,我为鱼肉"之感。随着中国在国际贸易体系中地位提升、谈判能力增强,这样的条款已不可能被重现。相反,我们可以推动建立新的、更公平合理的规则,逐步矫正、替代原有的不平等条款。

在规模扩张的同时,中国对外贸易商品结构持续优化,表现为出口额中工业制品所占比重不断提升,初级产品占比不断下降。在工业制品出口中,技术含量较高的机电产品占比显著提高。而在进口额中初级产品所占比重则不断提升,工业制品占比则不断下降。

按联合国《国际贸易标准分类》,"入世"前的2000年,中国出口中初级产品占10.2%,工业制品占89.8%;2010年,中国出口中初级产品占比下降到5.2%,工业制品占比提高到94.8%。与此同时,中国出口额中机械及运输设备占比从33.1%提高到49.5%,占比提高16.4个百分点。

早在入世前的1997-1998年东亚金融危机期间,中国经济就发挥了东亚经济稳定器的作用。在2008年以来的全球性金融经济危机中,中国强大的进口需求又带动多个国家和地区较快走出了萧条，以至于德国这样的欧洲经济火车头，2009年下半年以来奇迹般的经济复苏也被不少舆论称作是中国制造的成功。

中国早已结束了迫于外汇缺口压力而不得不"千方百计扩大出口"的年代，转而追求进出口贸易均衡增长。中国不可能完全依靠本国资源持续推进工业化，中国也愿意通过进口方式让贸易伙伴赢得机会、分享繁荣。中国希望其他国家投桃报李，对中国人员、商品和资本给予更公正的待遇。

尽管存在争议，但中立客观的观察家都不会否认贸易伙伴受惠于对华贸易发展的事实。即使在发起对华贸易争端最早、最多、最激烈的美国，其贸易主管部门多年来也承认，在贸易伙伴之间存在某些利益摩擦，中国一直"蝉联"各成员方反倾销最大目标国，从2006年起，中国又连年成为反补贴调查最大受害国。

中国在加入WTO打开国门后，中国金融业也迎来了快速发展与繁荣的新起点。中国的金融业就是站在这个起点上取得巨大成绩，走向世界的。同样，未来中国改革开放的步伐会迈得更大，也将面临更大的挑战。

随着中国加入WTO，市场的进一步开放，中国企业必须面对的是与世界上最先进的技术、规模最大的公司同台竞争的局面。这时一些别有用心的人预测，中国加入WTO后，最多只能维持5年，甚至认为，加入WTO，中国企业无疑会走进死胡同。

WTO对中国的影响是一个持续而漫长的过程。实际上，在任何一个变革的国家，没有一种变革是一朝一夕的，变革对任何一个国家、一个组织而言，都要承受巨大的压力。

首先是国有企业与跨国企业的重新洗牌。在中国加入WTO以前，国有企业基本上占据了垄断行业的市场，现在，跨国公司进军的行业从竞争性领域迈进垄断行业。在此之前，跨国公司在日用消费品领域与中国公司"火拼"，但在中国这个特有的市场上，它们完整的生产链、庞大的资金链并没有占据明显的优势。

中国加入WTO的"反倾销第一案"发生在2002年6月，欧盟宣布对中国温州地区的打火机进行反倾销调查。当时，温州几百家打火机企业生产了世界上90%的金属外壳打火机，其制造成本只有日本打火机的十分之一。温州烟具行业协会组织骨干企业应诉欧盟，该协会提供的调查显示，中国价格的低廉主要来自劳动力成本的低廉，温州工人的年收入比欧洲工人低了20倍。结论是"中国企业没有做亏本买卖"，此项诉讼最终以欧盟撤诉告终。

"打火机保卫战"的胜利，并没有阻挡反倾销浪潮的汹涌而至。在整个2003年，全球发起的反倾销案中共有540多起是针对中国产品的，其产品从节能灯、彩电、洗衣机、木制家具到钢材等，不一而足。

中国商品如何应对问题百出的反倾销风波，成为中国经济学家需要解答的难题。

2011年11月8日，美国商务部正式发起针对中国输美太阳能电池产品的反倾销、反补贴调查。11月25日，我国商务部对美国可再生能源扶持政策及补贴措施启动贸易壁垒调查，中美光伏产业之争步步升级，引起了国内外的广泛关注。这场争端本身是美方无视事实滥用贸易保护主义手段造成的，其结果很可能会助推中国光伏产业重组升级。

在这场争端中，美方极力指责中国政府通过廉价土地和电价、优惠贷款价格等形式大量补贴新能源企业，致使美国企业处于不公平的竞争环境之下。但只要对光伏产业的发展情况有大致的了解，就不难知道美国企业的这种指责实在是矫情。因为所有这些政策性优惠，美国也一样不少地都给予美国国内的新能源企业了，而且在美国的外资太阳能企业也得到了这些政策优惠。所以，美国企业不能抱怨自己和中国企业不在平等条件下竞争。

2012年5月，美国商务部初裁决定对自中国出口的尚德公司产品征收31%以上的惩罚性关税。

2012年9月6日，欧盟委员会发布公告，对华光伏组件、关键零部件如硅片等发起反倾销调查，涉及产品范畴超过此前美国"双反案"，涉案金额超过200亿美元，折合人民币近1300亿元。这是中欧双方迄今为止最大的贸易纠纷，也是全球涉案金额最大的贸易争端。

无锡尚德董事长施正荣表示："这个税率对中国光伏企业不公平，我们感到很失望。"

2013年3月，曾创造中国首富的无锡尚德最终不可避免地走向了破产。3月20日，无锡市中级人民法院依据《破产法》裁定，对无锡尚德太阳能电力有限公司实施破产重组。

曾经的朝阳产业中国光伏自2011年下半年起，便面临四面楚歌的境地。欧洲光伏补贴下调、美国"双反"……如今，欧盟又提出对中国光伏产品进行反倾销。

作为省内光伏行业的领头企业，浙江正泰电器股份有限公司对此次欧盟的反倾销调查表达了自己的看法，欧盟的这次行为，对整个行业来说可谓灭顶之灾。

当然，中国企业家不会一直坐以待毙。

2012年1月，梁稳根率领三一重工斥资3.6亿欧元收购"全球混凝土机械第一品牌"德国普茨迈斯特。作为一起少有的由中国企业发起的对全球行业第一品牌的收购，梁稳根此举不但令三一重工的国际化提前了5-10年时间，同时还改变了本行业的世界竞争格局。此次战略性收购，被誉为"中德贸易史上极具示范意义的交易"。

2012年9月28日，美国总统奥巴马以威胁美国国家安全为由，签发行政命令禁止三一集团关联公司罗尔斯公司在美国俄勒冈州一军事基地附近兴建4座风力发电厂，并要求罗尔斯公司在两星期之内从上述场地撤走全部财产和装置，并且在90天之内从这个风力发电项目中撤出全部投资。奥巴马在签署的行政命令中宣称，依美国特拉华州法律建立的罗尔斯公司，为中国机械设备制造业企业三一集团两位高管共同所有。

10月18日，三一集团召开新闻发布会高调起诉奥巴马。

"低调""务实"，这是长期以来媒体评价三一重工集团董事长梁稳根的字眼。但在2012年，梁稳根却无法再低调。

"三一作为中国企业，丝毫没有影响美国的安全。"对于奥巴马的说辞，梁稳根忍无可忍，他说："三一现在起诉美国的CFIUS(美国外资投资委员会)和奥巴马总统。这个起诉的目的，两句话，一是寻求公正之道，二是洗刷不白之冤。"

让梁稳根更想不通的是，全世界都在美国投资，全世界很多企业都在那里建了风电厂，唯独三一在那里建立风电厂就影响了美国的安全？"CFIUS命令我们搬走，还只准美国人进去搬东西，并且还不能转让。我们认为我们中国企业受到了不公正的待遇。"

美国官方财政部有关发言人认为，三一肯定会败诉，因为CFIUS本身有一个规定，美国总统的行政命令不受宪法的司法审查，不受违宪的司法审查。不过，从法理来讲，这个案子的确还是存在胜诉的希望，毕竟美国是一个三权分立的国家，如果法院最终认定总统的行政命令违反了宪法，或者说某些国会通过的法律违反了宪法，从理论上来讲美国的法院是有权力做出改正的，也就是在理论上三一还有取胜的可能。

三一重工从2012年走出国门开始，世界最大的工程机械企业——美国卡特彼勒就正式把三一列为竞争对手。梁稳根说："随着高端制造业的发展，随着中国企业水平的不断提高，我们在国外遇到的麻烦确实是越来越大。"可以想见，在一个完全陌生的国度，起诉美国总统、CFIUS，这显然是已经无路可走，被逼无奈的举动。梁稳根态度坚决，抗争到底四个字是他的决心："我们希望能取得最后的胜利，因为我们相信美国的法律，相信美国人的勇气，也相信世界的公正。"

国企强势重组

美国知名的战略家哈梅尔在他所写的《竞争未来》中这样写道："随着互联网时代的到来，放松管制、全球化、私有化以及新技术正在使产业边界变得毫无意义，国与国竞争或企业之间竞争的假设边界已经变得模糊不清，任何商业体的生存疆域都显得动荡而不可测。"

在几乎与世界同时起步的中国互联网产业中，中国本土的一些互联网企业如腾讯公司正在不断发展。也许当时的中国只有在互联网的世界里，才可能找到打破地域限制和重建游戏规则的方法。

2001年，美国纳斯达克股市在毫无预兆的情形下突然调头下挫，8.5万亿美元的公司市值蒸发，这个数值超过了当时除美国之外世界上任何国家的年收入。互联网给整个世界带来了新世纪最大的泡沫经济，这个泡沫的破裂让整个经济进入了倒退期，中国的互联网公司也在劫难逃。

然而，美国的崩盘对整个中国经济的影响并不大，相反，就在这当口，却给中国一个扬帆起航的机遇。那一年，中国加入了WTO；那一年，国民生产总值突破万亿元大关，稳步上升，甚至连一向萎靡不振的国有企业都表现得十分抢眼。

新加坡前任总理李光耀曾预言："中国有可能实现其到2050年成为现代化经济大国的目标，它将以一个平等和负责任的伙伴姿态参与世界贸易和金融活动，成为世界重要成员中的一员。如果它不转移教育和经济两大发展中心，中国很有可能成为世界第二大贸易国。"

在中国加入WTO的这场变革中，几乎每天的报纸上我们都可以看到这样的新闻：跨国企业不断进入，国有企业强势重组。

2005年2月国务院批复同意首钢实施压产、搬迁、结构调整和环境治理方案，并同意在河北省唐山地区曹妃甸建设一个具有国际先进水平的钢铁联合企业作为搬迁的载体。

2010年年底，位于北京石景山区的首都钢铁厂全部停产。

虽然老厂区的800万吨钢铁产能全部停产，但首钢集团2010年的销售收入却首度超过2000亿元。2010年全年钢产量首次突破3000万吨达到3154

万吨；销售收入2200亿元，同比增长近一倍；实现利润19.7亿元，同比增长41%。

首钢通过搬迁调整，实施了产业结构调整和技术升级。在搬迁中，首钢发挥长材等建筑用钢材优势的同时，花大力气研发和生产高附加值、高技术含量的高端板材产品。数据显示，2010年，首钢具有高附加值和高技术含量的高端板材产品已占六成。其中，管线钢101.1万吨，汽车用钢109.9万吨，船板104.8万吨，超额完成了"三个百万吨"的目标。通过四五年时间，首钢已经成为一个从长材占绝对主力的公司，变为高端板材的新锐。

首钢先后联合重组了水钢公司、贵钢公司、长钢公司、伊犁钢铁公司和通钢集团，使首钢的产业规模和综合实力进一步增强。通过搬迁，首钢已经由单一区域、单一产业发展的企业，转变为跨区域、以钢铁为主业的多元化方向发展的国际化企业。2011年7月，美国《财富》杂志发布2011年世界500强排行榜，首钢集团首次跻身其中，列第325位。

"十二五"期间，首钢将形成创新驱动新格局，做优做强钢铁业，协同发展相关产业，实现首钢北京地区转型发展。到2015年，集团销售收入3410亿元，比2010年增长55%。

再说一汽集团。我们知道它是国内四大汽车集团中唯一一家尚未整体上市的企业。

在一汽集团紧锣密鼓的筹备工作与层出不穷的坊间传闻相互交织间，上市一事始终处于"雷声大雨点小"的状态。种种迹象显示，一汽整体上市仍将是困难重重。

业界人士认为，一汽集团作为"特殊"国企，此次整体上市或将得到国务院特批,从而绕过重重审批关卡。带有强烈地方色彩的一汽集团,上市无疑将涉及复杂的权力和利益再分配问题。

根据公开资料显示,一汽集团现时拥有全资子公司30家、控股子公司17家。一汽内部各子公司之间,特别是合资和自主品牌之间盘根错节的关系,无一不涉及巨大的人事利害冲突。要梳理如此庞大的集团构成,兼顾到各方利益,协调各方关系,显然并非易事。

作为自主军营里的"后来者",一汽集团正以策马奔驰的姿态迎头赶上,而整体上市亦被视为至关重要的因素。

然而,业界评论员张志勇认为:"虽然上市以后会成立一个新的组织机构,但是这种机构仍然附属于一汽集团整体的发展环境与利益,一汽的目标仍然是双轨制,仍然需要对国资委和地方政府负责,责权利的内涵仍然不会有根本性的改变。"

在他看来,一汽集团整体上市以后对于自主品牌的发展会带来一个宣传上的高潮,但是以后的路还是需要依靠自己一步步来走,上市对于自主品牌没有根本性的影响。"一汽自主品牌的发展关键在于一汽自己能否持续,它的自主品牌战略能否坚持"。

一汽自主品牌的崛起不来自上市与否,而是与企业发展模式和战略方向的准确定位息息相关,需要开放的发展思路,需要现代化的企业制度,需要对自身企业和产品深入分析后的准确把握。自主品牌的发展不能光靠吆喝,必须要真刀真枪地下功夫去干。

就在中国加入WTO的前后,日本通产省在一份白皮书中首次提到,中国已成为世界的工厂,在彩电、洗衣机、冰箱、空调、微波炉、摩托车等产品中，"Made in China"已在世界市场份额中名列第一。经济学家认为，当时的中国就像20世纪80年代的日本一样，用独特的资源，逐渐征服全世界。

中国海外投资的行业多为采矿业、制造业、电力生产等劳动密集型或自然资源密集型行业。在能源相关行业占比提升的同时，中国高新技术企业，主要包括通讯和IT等行业的海外投资对高新技术、先进制造业的布局也在加快。华为、中兴、腾讯等一批高科技企业已经抢得先机。

在这方面最具有说服力的案例则是世界上最大的多元化服务型公司GE（通用电气）。GE公司在1992年就进入中国，直到2001年，GE公司CEO韦尔奇，这个被誉为"世界第一CEO"在临退休时候，这样描述中国本土市场："这10年来，我走遍了中国的很多市场，但是，直到现在，我还没有搞懂这个复杂的市场——这也许就是我退休的主要原因。"然而，韦尔奇的继任者伊梅尔特抓住了时机，他将GE在中国的投资转型到工业照明、医疗设备、燃气轮机、风机、水电发电设备、飞机发动机、工业性集团的电力输送等项目上，而在中国加入WTO前，这些项目是跨国资本与民营企业的禁入地带。

在这场没有硝烟的战争中，中国的民营资本站在旁边，扮演着一个旁观者的角色，或者更为准确地说，民营企业似乎被跨国公司和国有企业排除在游戏之外了。但随着中国加入WTO，中国的国企、民企与跨国资本已处在同台竞争的地位了，而随着国企的崛起，中国的企业家也将更加充满信心。

中国制造与世界工厂

实际上，中国制造早在 1997 年前后已经向全世界发起进攻。1997 年，伦敦的《经济学人》杂志就做出了一个预言，物美价廉的中国制造必然将影响整个世界。

在这一阶段，颇有影响力的民营企业在这场争夺垄断产业的战役中博得一席之地。说到这里，我们不得不拉出一个具有代表性的民营企业经营者出来，他就是"汽车狂人李书福"。

正是这个农民企业家获得了中国第一张民营企业的造车许可证，这是一件破天荒的事件。在李书福获得中国政府的正式认可之前，跨国车企已经进入中国整整 23 年。

2008 年开始的金融危机席卷全球，尤其是欧洲的汽车制造业在低迷的经济环境下丧失了往日的辉煌，罗孚、路虎等品牌转手到新东家手中，生死未卜，前景难料。在这样的时刻，所有人都注视着独善其身的中国，期待中国这个世界第二大经济体能够带来奇迹。

奇迹在一个叫李书福的人身上发生了。

人们将李书福称为"狂人"是有依据的。第一，他没有雄厚的资金实力；第二，他完全是个汽车的门外汉；第三，没有政府的支持。这三条足以将李书福关在汽车行业的门外。然而，就这样一个"狂人"，他不仅仅打开了这道对中国本土民营企业紧锁着的大门——汽车产业，也打开了通向世界汽车产业的大门。

2008 年 10 月 24 日，恰逢中比建交 40 周年，比利时王储菲利普王子来到中国，代表比利时阿尔贝二世国王向吉利集团董事长李书福颁发了代表比利时皇室最高荣誉的"利奥波德骑士勋章"，以表彰李书福在运营沃尔沃过程中为比利时的经济发展做出的贡献。

"利奥波德骑士勋章"是比利时最高国家荣誉勋章，每年通过王室勋位管理委员会严格评定，挑选出国际社会中那些对人类和平、文化、慈善公益事业有着杰出贡献的精英人士予以册封。获此荣誉，说明李书福的成绩已经得到国际社会特别是西方上流社会的敬重和肯定。

作为欧盟总部所在地的比利时，虽然拥有西欧中心位置的地理优势，也难逃经济危机的魔掌，经济衰退，失业率持续走高。

沃尔沃汽车设在比利时根特的工厂，在迎来新东家李书福后，不但没裁减一名员工，而且还为当地解决了不少就业问题，成为比利时当地最具竞争力、发展最快的汽车制造工厂。不能不说，李书福不仅给沃尔沃带来了奇迹，更是为欧洲经济带来了一剂强心针。

2010年8月，李书福正式完成对北欧豪华汽车品牌沃尔沃的收购。收购完成后，沃尔沃当年实现全球销售37.4万辆的成绩，实现了较大幅度的盈利，超过了很多人的预期。在2011年上半年，沃尔沃汽车在中国的发展则进入了一个全新时期，品牌建设和销售业绩双双结出硕果。中国区上半年销量2.1万余辆，同比增长36%，全球销量也取得了20%的增长，其中XC60成为全球最畅销车型。可以说，李书福的收购并没有让瑞典乃至整个欧洲失望，中国人确实为他们带来了奇迹。

1999年，主管工业的国务院副总理曾培炎到台州调研，专程去当时生产摩托车的吉利公司视察。李书福当面请命："请允许民营企业大胆尝试，允许民营企业家做轿车梦。"

倘若我们还原历史,你就在场,我相信你会为这样一个"狂人"流下泪水。因为,从无到有,从两个轮子到四个轮子这个过程中,这个"狂人"没有半句抱怨,没有回头,正如他所说:"如果失败的话,请给我一次失败的机会吧!"

李书福是那个时代,那个背景下中国民营企业家中的杰出代表。

2011年8月8日,国内最高标准液晶面板项目——8.5代液晶面板项目开工投产。这是TCL集团股份有限公司(下称TCL)投资,也是深圳建市以来规模最大的投资项目。

此项目投产将改写中国液晶屏必须依赖进口的历史,被视为中国制造业转型升级的标志事件。

至此,TCL升级为国内首家拥有液晶电视全制程和大规模生产能力的企业,并跻身全球同业中的第一梯队,得以与韩国三星、LG等企业同台竞争。

李东生作为TCL的创业元老与精神领袖,深知TCL所处之局势,亦是中国制造业现阶段面临的挑战。TCL充分掌握着销售网络、知识产权、客户关系以及强劲的本土关系这些无形资产,利用这些王牌,有效率地组织生产和办工厂。

被人称为"德叔"的梁庆德打造了中国本土微波炉品牌的神话——格兰仕。2002年,格兰仕微波炉就已经成为世界知名品牌了。对此,格兰仕的营销副总裁俞尧昌这样说:"我们的唯一秘诀就是将劳动力低廉的优势发挥到极致。"

微波炉重要的上游零部件是变压器,这是技术的难点。当时日本产品的价格是二十多美元，欧美的企业是三十多美元，毫无疑问，低于十美元的格兰仕微波炉让日货在国际市场上遭到了强烈的冲击。

当年，梁庆德去找美国人谈判：你把生产线搬到中国来，我给你生产微波炉，每生产一台，我给你 8 美元。美国人面对这个既能打压日本，本身又可以盈利的办法，便将整个生产线搬到中国。

庞大的劳动力是日本无发比拟的，格兰仕采取 24 小时三班倒的生产方式，让生产线永不停歇。这样大规模、低成本的生产与销售方式把日本人的微波炉打压得无处可逃。这个时候，梁庆德觉得更好的时机来了，他又找日本人谈判：你将你们的生产线搬到中国来，我们每生产一台产品，给你 5 美元。日本人别无他法，只有答应他。就这样，梁庆德采取这种"借鸡下蛋"的方式，让格兰仕成为"微波炉世界工厂"。

梁庆德曾对媒体说，无论计划经济还是市场经济，无论上市还是资本重组，企业走到一定的时期，还是要回到瓶颈——人的问题。人是真正体现企业实力的根本，人的能力能不能发挥出来，是企业生存的关键。他认为："一百多年来，世界企业发展经历了各种不同的阶段，但企业根本的规律，并不因为时间和环境的推移而改变。人的问题不解决，企业长远生命能力就会出现问题。一个成熟的企业应该具有一种宽容失败的文化氛围。"这是一个成熟的中国企业家表现出来的心态。

然而，经过 30 多年的超速发展，中国制造业正遭遇成长的烦恼，依靠廉价劳动力、土地、资本等要素投入和出口拉动的增长模式已难以为继。

北京长城企业战略研究所的报告《中国科技发展报告》中这样描述中国制造：初步估计，我国已有上百种制造产品的产量在世界上位居首位。自

1990年起,中国大陆吸收投资2300亿美元,占亚洲总额的45%,其中制造业是最重要的投资领域,中国已成为世界第四大生产国,中国制造正在世界范围内崛起。

在区域结构上,中国制造形成了环渤海湾、长江三角洲、珠江三角洲三大世界级的制造中心。三大区域的人口总数占全国总人口的35.45%,国土面积不到全国的10%,却创造了57%的国内生产总值和66%的工业总产值;而在对外贸易方面更是占据全国85%以上的份额,外资的利用程度也接近全国利用外资的八成。在出口企业群体中,小型企业在数量上占据绝对优势;产值方面,大型企业和小型企业则相差无几……

这份报告分析出中国大型国有企业能够更好体现制造业规模化生产的优势,但上升空间有限;而小型企业中,新兴的民营制造企业代表制造业新生力量,近年来发展迅速,是中国制造崛起的主要推动力量,也是今后发展的主要动力。

走出国门看世界

2011年初,英国BBC广播公司推出了一组纪录片《中国人要来了》,大概的意思是,中国人到欧洲抢工作、抢资源和搞破坏来了。

在走出去的道路上,伴随而来的不仅仅是那些警惕"狼来了"的呼声,还有从海外传回的失败案例:2012年辽宁西洋集团称遭朝鲜单方面毁约被套2.4亿元,浙商收购俄罗斯森林突遭没收百亿资产蒸发,中海油收购尼克森几次遇阻……

"走出去"到海外投资不是件容易的事情，真正能够顺利出海的加工制造企业还很少。从国际市场的角度来讲，无论是品牌、技术还是产品等方面，中国企业都尚未形成真正核心的竞争力。中国企业海外并购在人力资源、管理等方面缺乏充分的准备。

有着20多年企业史的海尔从20世纪末开始拓展海外市场。十几年过去了，海尔集团在海外屡建基地，产品出口到160多个国家和地区。张瑞敏一直坚持走日韩式的品牌道路，立志把海尔打造成全球一流的消费电子品牌。

张瑞敏说："收购一个世界名牌或者一个区域性名牌，对海尔来说会节省一点力气，但是最终导致的结果是什么？那就是海尔所支付的收购费用中基本上都是无形资产，很少是有形的，最后，海尔还是在做别人的品牌，根本无法树立自己的品牌。"

张瑞敏用一句话来表达他全球化思维的变化："像禅宗所说，30年前看山是山，看水是水；后来看山不是山，看水不是水；30年后看山还是山，看水还是水。必须要悟到这个程度，真正把问题看出来。"

起初，在国内生产出自主品牌的产品远销美国，这时"看山是山，看水是水"；后来去美国开办工厂，生产出标有美国制造的海尔产品推上市场，这时"看山不是山，看水不是水"；再到后来收购美国研发制造基地，打出海尔品牌与美国名牌这样的双品牌，就"看山还是山，看水还是水"了！全球化的海尔，拥有多个知名品牌，自在情理之中。

2012年海尔在海外市场收获了成功。海尔冰箱获得了美国、英国、西班牙、德国、澳大利亚等多国政府的节能补贴，海尔成为联合国全球性采购唯一选中的空调品牌。此外，海尔洗衣机也通过美国"能源之星"认证，被认定是美国市场上最节能的产品。据权威监测数据显示，2012年1月到2月，家电业出口下滑2.8%。相反，海尔第一季度海外市场销售额同比增长高达33%，再次实现了逆势增长。海尔的成功证明了走出国门是可行的。

时至今日，已经没有人怀疑联想将成为全球PC第一。2012年9月，联想在巴西并购CCE公司，这一举措有助于联想进一步扩大其市场份额，并有望彻底终结惠普连续24个季度PC全球销量第一的成绩。

翻阅当年的历史资料，我们发现当时站在竞争舞台上的几个选手依次是惠普、戴尔、联想、宏基和东芝。

联想经历过先多元化还是先国际化的困惑。最终，联想意识到国际化风险很大，决定从多元化开始转变。期间，联想从事了多个产业的布局，包括很有远见的互联网布局，但随着互联网泡沫的破灭，使很多科技公司过上了苦日子，这其中也包括联想。

作为一家最年轻的PC公司，联想比自己的竞争对手惠普和宏基都要稚嫩。但是，就是这家PC领域的后来者，却频频做出惊人的举动。其让全球侧目的第一板斧，就是并购IBM的蛇吞象之举。联想此举，被看成是一个蛇吞象的举动，原因是IBM是全球PC界的翘楚，而联想则只是全球PC厂商中的无名小卒。

联想从并购IBM PC业务中获利丰厚，市场份额获得急剧攀升，全球销量剧增。IBM也为其带来了品牌知名度和遍及全球的销售渠道。联想集团的财报显示，该公司收购IBM全球PC业务后的首个季度，营业收入大幅增长2.34倍至196亿港币，其中个人电脑全球总销量增加至351万台。

并购IBM PC业务是联想集团国际化的一个重要尝试，借助这一举动，联想集团强化了其在全球商用市场的 IT 服务能力。但 2008 年，全球经济危机导致商用市场萎缩，过于注重商用市场的联想集团出现巨额亏损。

媒体上关于联想并购 IBM PC 业务失败的言论开始出现。但此后，联想开始进行调整，强化在消费领域的 IT 能力。2009 年，联想集团结束亏损，开始步入高速成长阶段。而联想集团的高管也开始高调宣布：并购 IBM PC 获得了成功。

可以说，并购 IBM PC 给联想带来了经验，虽然过于倚赖 IBM 商用市场曾造成公司经营困难，但是，联想能从并购中分析经验，并用于新的并购案中。此后，联想先后在日本市场、德国市场以及巴西市场进行了并购整合。这些举措帮助联想扩大了份额，并帮助联想一步步逼近全球第一。

联想的全球并购，主要有四起，分别针对北美的 IBM PC、日本的 NEC、德国的 Medion 以及巴西的 CCE。从收购的细节上来看，这些并购有相同点，也有不同点，反映了联想集团在不同的发展阶段，其不同的市场战略。

按照 PC+ 战略，联想集团打造了包括 PC 在内的"四屏一云战略"。据悉，CCE 除了生产 PC 之外，还有 PC plus 产品，包括自有品牌的电视和手机。CCE 的品牌在巴西当地的消费电子市场，尤其是入门级的市场，有相当大的影响力。

通过这一收购，联想可以将巴西选为中国之外的 PC+ 战略试验田，并迅速切入到这一市场当中。而纵观联想在日本、美国和德国的并购，基本上全部是围绕着 PC 展开。当然，联想并购 CCE 对联想 PC 的拉动作用也很明显，通过这一并购，联想一跃成为巴西排名第三的 PC 厂商，此前，联想在巴西的排名是第七。

经历了 5 年的整合，联想经受住了考验，耐住了压力和冷落，不断提升自己的全球化思维、视野、能力，最终赢得了他人的认可。

最后说一个小故事。简一是一个很小的企业，规模小，没有资本优势。简一独有的五度空间石产品，就是抛光马赛克的创新者、引领者。它的主人是毕业于中国唯一陶瓷高等学院，走遍全世界、驰骋沙场多年的简一陶瓷董事长李志林。

简一采用波特差异化竞争战略，生产其独领风骚的五度空间石、地脉石等王牌产品，其中，五度空间石将其独特的设计理念表现得淋漓尽致。

有一次，华夏陶瓷博览城接受意大利代表团的参观访问，代表们参观后得出了这样的结论："中国的陶瓷工业发展很快，中国是意大利的直接威胁者。"

有两位意大利人，执意离开引以为荣的顶级意大利公司，愿意与中国一家小企业的董事长李志林合作。他们观察李志林已有三年，从他身上看到了一个理想的意大利公司的影子。这意味着李志林的价值观念、行事方式以及简一产品已获得西方主流社会的高度认同。

这是一个小企业成功迈出国门的故事。李志林先生总喜欢说："路是人走出来的，缝隙总是会有的，关键是如何找到一条缝隙，从中走出来。"

江苏紫荆花纺织科技股份有限公司是成功走出国门并获得国际社会广泛认可的另一家中国民营企业。该公司在尼日利亚、马里、贝宁等多个非洲国家，建有黄麻种植地和加工区。在帮助当地解决贫困和就业的同时，将黄麻加工成高档纺织产品销售到欧洲地区，作为从非洲而来的新型环保产品，得到欧洲免税资格的同时也赢得了国际市场。

这些企业注重打造文化品牌价值，积极承担企业社会责任、参与公共事业的行为，让他们的企业在异国他乡生存了下来。这是他们走出国门、走向世界的有效路径。

陆家嘴：耸立的华尔街

在上海浦东大道上有一座两层小楼，门牌号是 141 号。这是上海浦东大开发的摇篮。

1990 年，时任上海市市长的朱镕基看到那里的门板很奇怪，便推开门板向里看了一眼，指着黑洞洞的过道说："不要用门板挡住，要让来开发办的人看一看，我们浦东开发是在什么样的基础上开始的。"

1990 年 5 月 3 日，141 号门口没有放鞭炮，没有敲锣鼓，"上海市人民政府浦东开发办公室"挂牌，一个可以说是当时中国规模最小的"市辖政府"在此诞生。

浦东新区成立之时，陆家嘴的开发也开始酝酿。原浦东开发办公室主任杨昌基在其回忆录《浦东开发最初的日子》里写道：当时，朱镕基市长叫我筹建陆家嘴、金桥、外高桥三个开发区，初步估计需要开发资金 20 多亿元。朱镕基却说，一个公司给你 3 亿元，滚动起来用。过了几天，朱镕基又说，三个公司给 9 亿元，不行，一个公司 1 个亿，先张罗起来吧。过了几天，朱镕基即将离开上海赴北京工作，临行前，他又对我说，先少给一点，马上启动要多少钱？我感到难以启齿，想了想对朱镕基说，那就一个公司先给 3000 万元吧。就是这 3000 万元，成就了后来风光无限的陆家嘴。

陆家嘴位于浦东新区西北部，东起浦东南路、泰东路，南沿陆家渡路，西部和北部紧靠黄浦江，陆地面积为 2.10 平方公里。1990 年，党中央、国务院宣布开发开放浦东后，中国唯一以"金融贸易区"命名的国家级开发区——陆家嘴金融贸易区，就位于与上海外滩仅一江之隔的浦东陆家嘴。

为保证金融贸易区开发建设达到世界先进水平，浦东开发之初聘请了世界著名规划设计专家与上海规划专家合作设计了总体规划、交通规划和城市规划，其中经上海市政府批准的陆家嘴金融中心区的规划方案，集中了中、英、法、日、意等国规划大师的智慧，体现了当代规划设计的先进水平。根据规划，按功能布局，区内划分为若干个重点开发小区：金融中心区、竹园商贸区、行政文化中心等。合理的功能布局，既突出了金融贸易的功能开发重点，又充分考虑了现代化都市的建设需要。

今天的浦东，以 492 米高 (101 层) 的上海环球金融中心、468 米高的东方明珠电视塔和 420.5 米高 (88 层) 的金茂大厦为代表的高楼群，已成为上海现代化城区的新景观。约有 400 栋高楼耸立其间，600 多家中外金融机构落户区内；上海证券交易所、上海期货交易所等要素市场聚集；300 多家有影响的国内外大集团、大企业，如斯米克、汤臣、宝钢等进驻陆家嘴。

走进陆家嘴，便完全被高耸入云的高大建筑群所包围。2.5 公里长的滨江大道、10 万平方米的陆家嘴中心绿地、5 公里长的景观道路世纪大道、连接浦西浦东的外滩观光隧道和现代化的大楼群，形成了上海这个大都市的独特景观。而上海国际会议中心和金茂凯悦大酒店、香格里拉大酒店、新亚汤臣大酒店等众多高星级宾馆，使陆家嘴的会展功能和楼宇餐饮呈现强劲的发展势头。

陆家嘴金融贸易区的经济效益更是不能用数字衡量的。它的开发有效推动了新区产业规模的不断扩大,促进了产业结构的合理转换、升级和协调发展。1999年浦东新区国内生产总值达到800多亿元,第三产业增加值占新区GDP总量比重从1990年的20%上升至1999年的44%。特别是金融保险业的发展在第三产业中遥遥领先,增加值达到133.8亿元,比上一年增长25.6%。旅游会展和社会服务业的增长速度达到30%左右。

徜徉在陆家嘴的商业街区中,你会真实感受到大上海"十里洋场"的霸主地位。陆家嘴经过十几年的开发,"浦东概念"已具有深刻的内涵。一是地理概念,它处在长江和太平洋沿岸"T"字形交叉口,地理条件优越;二是经济概念,它代表一个高速增长、运转规范的经济区域;三是政治概念,它是中国改革开放的一面旗帜,是走向世界的一个重要起点。

陆家嘴作为"浦东概念"构成中的重要一极,作为上海乃至中国与世界对话的一个平台,它已经走过的10年是打基础的10年,更大的辉煌在未来。以构建一流的国际经济中心城市为追求目标,紧紧抓住加入WTO的历史性机遇,陆家嘴金融贸易区要在服务贸易领域进一步扩大开放、重点突出、有序推进,以实现建成面向国际的现代化金融贸易区的宏伟目标。

提起"楼宇经济"这个词,陆家嘴楼群的租售率经常被人们引为注解,高入住率带来的经济效益显而易见。据调查,陆家嘴地区目前80%以上的办公楼租赁价格都"涨"声响起,高档办公楼更为突出,价格随着人气一路攀升。除了房租收益,投资效益也开始显现,继住宅楼后,"租房不如买房"的观念也开始向商业用房、酒店式公寓和办公楼延伸,一些大厦的中小型办公用房,几乎有一半以上被人"买断"用作投资。外来餐饮、健身、娱乐等项目的纷纷入驻,也为"楼宇经济"注入新的活力。

在高档办公楼、酒店集中的地方,各种商业元素分外活跃,以房地产起家的"楼宇经济"不经意间为区域商业发展画下"准星"。东方路上一家十分考究的茶道馆的老板提到经营定位时,显得颇为自得,"来我这里的大部分都是周边大楼里的商务客人,只要做出自己的特色满足这些人较高层次的需求,不怕没有回头客"。

在高星级宾馆、办公楼集中的竹园商贸区,大批外资、保险、证券公司和跨国集团的集聚带来了相当可观、相对稳定的消费群。背靠大楼好乘凉的诱惑吸引着许多有眼光的老板,私营、国有、集体、外资,多元化的投资"忽如一夜春风来",将大楼周边的商业配套做得有声有色。

如今,楼宇集中的东方路、张杨路一带,不少特色街已显得有模有样:东方路上散落的酒吧、茶馆,精致兼"涉外",瞄准对面的高星级宾馆,几年经营下来都有了自己固定的客人圈子;潍坊路、浦电路、兰村路三条初具规模的美食街恰好相互平行,与东方路交叉,形成"丰"字,各具特色的餐饮店为大众提供了丰富的选择,周边大楼的办公室一族是这里的常客;不远处崂山东路上比肩而立的美容城也吸引了不少周边会员。

"宁要浦西一张床,不要浦东一间房"的情形早已一去不复返。如今的浦东,既是投资者的热土,又是居住者的首选。

浦东重点建设了以浦东国际机场、外高桥港区、上海信息港为核心的一批重大工程,以及越江交通、轨道交通、高速公路等市政基础设施,初步形成了融入全市、面向世界、辐射长三角的基础设施网络。

教育、卫生事业的财政投入增长速度远远高于GDP增长速度,基本满足了快速城市化和大规模人口导入的需求。在加快经济建设的同时,浦东新区始终坚持经济社会协调发展的方针，交出了物质文明建设和精神文明建设两张合格的答卷。

第二代企业家

随着中国市场经济的蓬勃发展，从 1989 年起，第二代企业家们也开始了他们的行程。他们的诞生经历了改革开放的十年摸索与实践，不同于 1984 年的那一批商人，他们更具有现代的商业气息和企业家素质。

创业需要胆量，需要冒险。冒险精神是创业者精神的一个重要组成部分。什么样的人最适合创业？ 答案是：有赌性的人。道理很简单，创业本身就是一项冒险活动。

但凡成功人士都有某种程度的赌性，企业界人士更是如此。

在大多数中国人还不知道 Internet 为何物的时候，1995 年马云丢掉高校老师的铁饭碗，毅然投身互联网。马云太太的第一反应不是"你疯了"，而是陪着他砸锅卖铁，东拼西凑出 10 万块钱，在只有一间屋子的办公室，"靠一块钱一块钱数着花"，一起创办了中国互联网上第一个 B2B 网站。他创办了"中国黄页"网站，这是全球第一家中文商业信息站点，是国内最早形成面向企业服务的互联网商业模式。

2009 年 8 月，在杭州举办的第二届亚太中小企业峰会上，孙正义和马云坐在了一起。当时马云没钱、没名、没经验，孙正义是软银集团董事长、亚洲首富。初次见面 6 分钟后，孙正义决定给马云的阿里巴巴投资 2000 万美元。那时，他们彼此都认定，对方是最应该握手合作的那个人。9 年后，阿里巴巴成为电子商务龙头企业，软银的投资获得了百倍以上的回报。

回首当初握手的理由，马云和孙正义一致认为，是源于两个人身上都有的一股"疯气"。

软银在投资了800多家公司后进行过统计，有100多家投资失败了。对于失败的原因，孙正义总结说："最大的区别，是没有足够的激情。"而马云就是那个最有激情的人，所以他成功了。

马云是最早在中国开拓电子商务应用并坚守在互联网领域的企业家，他和他的团队创造了中国互联网商务的多个第一。他开办中国第一个互联网商业网站，他提出并实践面向亚洲中小企业的B2B电子商务模式。除此之外，他于2002年3月10日在中国网站全面推行"诚信通"计划，从而在全球首创企业间网上信用商务平台。他发起并策划了著名的"西湖论剑"大会，使之成为青年企业家交流与成长的平台。

哈佛大学两次将他和阿里巴巴经营管理的实践收录为MBA案例。马云是中国大陆第一位登上国际权威财经杂志《福布斯》封面的企业家。2012年他被评为"CCTV中国经济年度人物"。

如今，这些成绩对于马云来说都是过眼烟云。2013年5月10日，马云卸任阿里巴巴集团首席执行官一职。马云希望可以将中国电子商务巨头的年轻员工培养成世界级的商业领袖。消息人士表示，这样的安排可以让马云有更多的精力关注管理层的发展。马云称，自己不是一个标准版的合格CEO，他将关注培养下一代领导者。

慧聪公司1991年创立时，郭凡生就将劳动股份制的内容写入了公司章程之中。

郭凡生是位懂得与众人分享的创业者，学经济出身的郭凡生这样解释他的劳动股份制："我们规定，慧聪公司的任何人分红不得超过企业总额的10%，董事分红不得超过企业总额的30%。"当时郭凡生在公司占有50%的股份，整个董事占有的股份在70%以上，有20%是准备股，但是连续8年，慧聪公司把70%以上的现金分红分给了公司那些不持股的职工。

白手起家的郭凡生现在已是千万富翁。他在现代化的写字楼里拥有上千平方米的办公面积，在全国各地还有数十家分公司。

郭凡生对中关村的企业和中国的高科技企业为什么做不大也有一番高论："有些企业有100万利润就分裂，有200万利润就打架，为什么做不大呢？就在于这个公司只有一个老板。老板拿走绝对的利益，而这个公司又不是靠老板的资本来推动发展的，当它的主体变为知识推动的时候，企业就要不断地分裂，所以中关村的企业做不大，中国的高技术企业做不大。"

许多企业家曾问我企业产权改革中的细节和操作特点。我告诉他们，这不仅仅是生意，还是伟大的艺术。改革的过程中，会把企业家对生活的热爱，对亲友的感恩，对事业的向往，都融在其中。失去的是自私和狭隘，得到的是人性的升华。

对于股权激励，郭凡生看到人们关心的点集中在三个方面：第一，多少合适；第二，给什么人；第三，怎样给。

古语说："升米恩，斗米仇。"所以，"给多少"这个度很难把握。他说要给得让干活的人高兴，甚至震惊，这是目标。

比如公司有5000万元利润，老板占50%的股份，他可以把2500万元利润拿回家去，这在工业化社会的道德规范下毫无问题。如果从知识经济的角度来判断，老板就应该自问："这 2500 万元是我创造的吗？拿回去这 2500 万元对得起员工吗？企业还能发展吗？"

其实在给多少的问题上，不是一个数量的概念，是一个文化的概念。

如果你真正地明确认识到，公司创业时你投资了 100 万元，雇了几百人，最后将 5000 万元利润拿走一半，这和偷、抢没什么区别。

只有在给的文化上入流，才能给出艺术，给出干劲，给出团结，给出希望。

分众传媒创始人、董事局主席、首席执行官江南春在上海徐家汇太平洋百货电梯门上看到明星舒淇的广告海报，他想如果海报变成电视，一定会吸引众人的目光。

之后就有了分众的楼宇电视，目标锁定水泥大楼里的中国 700 万"四高优质人群"——高收入、高素质、高学历、高消费人群。

楼宇电视稳坐龙头后，分众将目光投向高尔夫球场及一些私人会所。

从上海发展到北京、成都，现在已经覆盖到全中国 75 个城市的 3 万多家住办楼宇，共有 6 万多个 LCD 电视荧幕被安装。

除此之外，分众传媒还投入大量资金做互联网定位技术的研发，并试图实现互动广告"LCD 广告屏和手机屏合一"。这听起来很美好，实际操作却没那么容易。

2013 年 3 月 20 日，江南春在微博上对外宣布，在第四季度前，分众传媒将会正式推出基于地理位置服务 (以下简称 LBS) 的互动广告新模式，这个新模式会引领分众传媒实现手机屏和 LCD 屏"双屏合一"。如此一来，"改变的不仅是分众，还将重新定义数字媒体"。

"LBS 服务之所以诱人，是它不但能够确定用户的地理位置，而且能向用户推荐该位置附近能提供的各种服务，例如位置签到、周边搜索、位置游戏和信息推送等"，苏州贝多科技 CEO 穆荣道出了 LBS 受热捧的主要原因。

2012 年初，分众号称已经拥有约 18 万块液晶显示屏。

宁高宁自称是职业经理人，为国有企业"放牛"。他的专业素养也得到了市场的承认。

有人问宁高宁，怎样形成这样一种稳健的风格。他轻描淡写地说："其实没什么，这并不是什么风格，而只是职业经理人应有的素质。职业经理人本来就应该做到专业化。"

做食品产业看似简单，其实是最复杂的生意。怎样向百姓提供更加安全的放心产品，这是最为关注的焦点。应对挑战，他要让 7 个上市公司，几十个部门联合作战，从田间到餐桌，他要建立许多条完整的产业链。玉米、稻米、小麦、葡萄……8 条全产业链齐头并进，引领着中国数亿农民。食品安全是他对企业的最低要求，站在全产业链上眺望未来，他对中粮提出新的要求，要为中国人提供健康营养的产品和优质的生活服务。

宁高宁曾把华润大大小小的资产划分为 119 个利润中心，有历史遗留的，也有新创的。他说："华润所涉及的行业将逐渐集中到 10 个以内，实施有限度的相关多元化。而且所涉足行业，华润必须能进入前 3 名。"

执掌中粮集团后，他继续推进这种经营思路。

2012 年，他宣布了中粮集团未来的发展战略：除了生物质能源以外，中粮必须在粮食流通、粮油加工、品牌食品、地产酒店、金融投资、土畜产等 5~8 个行业内建立行业领导地位。2012 年宁高宁被评为"CCTV 中国经济年度人物"。

裘伯君数年不倒，原因在于他一直走着一条和一般程序员不同的路。大多数优秀程序员多会选择自己创业或者合伙创业的道路，而裘伯君则一出道就辗转于四通、金山、方正这样的大公司。在这些公司的经历使裘伯君具备了大公司的眼界和胸怀，这是裘伯君高于同时代程序员的本质原因。

深圳四通成立时，裘伯君就给当时的四通总裁万润南写了一封辞职信，万润南珍惜裘伯君这个人才就协商将他调到深圳。

裘伯君目标很明确，做一张汉卡装字库，写一个字处理系统，能够取代WordStar，这个目标就是后来的WPS。为了实现这个目标，从1988年5月到1989年9月，裘伯君把自己关在他在深圳包的一个房间里，只要是醒着，就不停地写程序。

还在上大学的雷军看到WPS时就感到震惊："我不相信内地还会有这么好的软件，我以为这个软件是在香港做的。"WPS没有做广告，也没有去评什么奖，仅仅凭着口碑，就火了起来。

"如果从开始就想着怎样赚钱，我也不会有今天。事业和金钱无关。当你全身心投入开发的时候，不给你钱你也要干。开发时，根本没有心思考虑报酬。只有先成就了事业，才有资格谈报酬。"

1995年，微软向裘伯君抛出了绣球，被裘伯君拒绝了。支撑裘伯君做下去的原因是，他坚信"Word能够做到的事情，我也能做到"。

"我们一直没有大的收入，那时候，用WPS这个项目去吸引资金，谁都不会有信心。"裘伯君说。

1994年身为珠海金山电脑公司董事长兼总经理的裘伯君，把自己的别墅卖掉，投入金山维持公司运营。后来有网友说："裘伯君绝对是金山里最有资格、最有能力、最有权威的NO.1。"

现在，裘伯君的目标像他当年写WPS1.0时一样，还在坚持着，他知道实现这个目标会很艰苦——"我们和微软的竞争是在局部的中国市场的竞争"。

很多创业者在创业的路上都有过"惊险一跳"的经历。当年周枫带人做婷美内衣，一个500万元的项目，做了2年多，花了440万元还是没有做成。眼看钱就没了，合作伙伴都失去了信心，要周枫把这个项目卖了。周枫说，这样好的项目不能卖，要卖也要卖个好价钱。合作伙伴说，这样的项目怎么能卖到那么多钱，要不然你自己把这个项目买下来算了。周枫就花5万元钱把这个项目买了下来。

周枫带着23名员工单干了，他把自己的房子做抵押，跟几个朋友一共凑了300万元。他把其中5万元存在账上，另外的钱打广告。他算过，一共可以在北京打两个月的广告，从当年的11–12月底。他告诉员工："这回做成了咱们就成了，不成，你们把那5万块钱分了，算是你们的遣散费，我不欠你们的工资，咱们就这样了！"这些话把他的员工感动得要哭，当时人人奋勇争先，个个无比卖力，结果婷美成功了，周枫成了亿万富翁，他的许多员工成了千万富翁、百万富翁。

现在很多大学教授、市场专家分析婷美的成功有诸多原因。而周枫认为，其实事情没有这么复杂。说白了，不过是一个合适的产品，加上一个天性敢赌的领导，加上一些合适的营销手段，这才有了这样一桩成功的案例。

实践证明，成功的人总是具有相似的特点，诸如决心、努力、坚持等，但我们更应该看到这些企业家身上拥有的那种将企业、事业进行到底的信念。

中国一代代的企业精英抓住了到来的机遇,他们是中国经济新一轮发展的先行者。

创新是一个国家、一个企业的永恒动力,没有创新就没有发展,更没有未来。创新是民营企业生存的源泉。在中国近 30 年的发展中,民营企业占到了经济总量 75% 的份额,为国家直接创造了 75% 的财政收入,提供了中国近 80% 的就业岗位。从这个角度讲,民营企业的成长关乎我们国运的兴衰。

我们高兴地看到一批批年轻精英纷至沓来,他们在这前所未有的发展机遇下,自我完善,不断延伸产业链,不断开拓新领域,在中国经济发展史上谱写着华丽的篇章,描绘着美丽的中国梦。

THE
CHINESE
DREAM

第七章

从试错到卓越

奥运见证中国

当时钟巨大的指针指向 2008 年，这个中国具有历史坐标意义的年份到来了。这一年，集中了中华民族 5000 年来的苦难、自尊、坚韧与自强，集中了改革开放 30 年来的曲折、奋斗与坚强。

在这一年，世人发现，无论海浪如何凶猛，也无法阻挡这艘巨型航母向前行驶。

1978 年，美国《时代》杂志这样介绍中国：让全球 1/4 的人迅速摆脱贫困孤立，与世界接轨，有过这样的先例吗？

2008 年，同样是美国《时代》杂志：当奥运会主火炬点燃时，全世界见证了一个确凿无误的事实——中国人的梦从这里开始了。

印度最著名的私立大学曼尼普尔大学地缘政治学院院长纳拉帕特教授（M.D.Nalapat）研究中国、印度这两大文明的发展脉络，早在 1997 年，他就撰文说，中国将是一个"崛起中的超级大国"。

2008 年 8 月，北京奥运会召开之际，他再次发表了一个看起来又是相当大胆的预测：本届奥运会预示了中国文化在时隔一百多年之后将挑战欧洲中心文化，中国文化将重新崛起。

事实上，这一年的中国，对整个世界来说，已经以一个强大的形象重新崛起在世界的舞台上。这个崛起不仅存在于纳拉帕特以及一些战略家的视线里，更让世人瞩目。

墨西哥国立自治大学传媒学教授韦利娅·埃尔南德斯这样评价北京奥运会："北京奥运会成为阐释中华文化魅力和民族精神的绝佳注脚，将对中国社会产生积极和深远的影响。"

事实上，埃尔南德斯已经研究中国经济和社会问题很多年了，在他看来，北京奥运会产生的积极影响不会在2008年就戛然而止。相反，它是一个崭新的开端，在未来，它将推动中国科技、环境、国际关系以及文化交流等领域与世界完全接轨，树立中国在国际社会上的大国形象。

事实上，中国政府认真履行了"绿色奥运""科技奥运""人文奥运"三大理念，这"千金一诺"展示了负责任的大国形象。

北京奥运会的成功就在于，它激起了西方捕捉和倾听中国故事的欲望，让他们了解一个真实的中国。

在奥运会开幕式上，这个具有独特东方文明的国家展现出的集体力量让西方人吃惊："几千名演员像一个人一样演奏，像一个人一样舞动，整齐划一，协调有序……"

有人感慨地说，"能将几千名鼓手协调一致，怪不得中国能拥有世界上最大的生产线"；还有人说，"集体主义精神下的中国将在发展效率等方面胜过个人主义的西方"。于是，有人据此预测：一场代表中国的集体主义与西方社会的个人主义之间的竞争就此拉开序幕。

事实上,自从20世纪90年代,当美国学者亨廷顿提出"文明的冲突"这个概念以来,就已经成为一些西方人心中隐存的阴影。在一些政治观察家看来,"文明的冲突"不仅解释了历史,更预见了未来,它深刻地影响着西方人看待中国的角度与立场。这也是他们在面对如此具有东方文明的国度时,会产生疑惑、忧虑甚至恐惧的根本原因。

显然,在"北京奥运热"不断高涨的同时,世界关注中国的不仅仅是奥运会本身,一些人用固有的有色眼镜注视着中国的一举一动。因此,他们的一些偏见、不信任甚至敌视也不会因为一场轰轰烈烈的奥运会就彻底改变。

北京奥运圣火的境外传递遭到了少数人的干扰,这个时候,一些西方媒体推波助澜,甚至将奥运与政治挂钩,更让人失望的是,少数西方政界人士在奥运火炬境外传递中表现出令人吃惊的无知和偏见,这恰恰表明他们根本不了解奥运精神,更不了解北京奥运。但也正因为这些碰撞,让中国人的心态逐渐成熟起来,更加理智从容。

"大国办奥运,一定会出现政治争议,这是难以避免的。"美国奥委会主席、1984年洛杉矶奥运会组委会主席尤伯罗斯以当年的亲身经历得出这样的结论。

的确,尽管有了地球村的概念,但各种文明之间并没有完全相互了解和尊重,文化上的见仁见智也造成秩序上的不平衡。奥运会因化解政治纷争才应运而生,如果再把政治绑到奥运会上,不仅背离了奥林匹克精神的宗旨,也使其丧失了其"化干戈为玉帛"的功能。

当时,中国驻英国大使傅莹说:"中国要平稳融合进世界,仅有一颗真诚的心是不够的。北京将展示的，是一个开放的中华文明，以一种成熟理性的态度来面对世界，勇敢地吸收其他文明的长处，以海纳百川的胸怀来迎接奥运，从而展示一个复兴的中华文明。"

我想，这便是北京奥运真正的内涵，也正是中国复兴梦最好的诠释。北京奥运会诞生了"同一个世界，同一个梦想"的口号，这是中华文明对世界文明、对奥林匹克运动的贡献。雅典奥运会火炬接力项目负责人戴恩·佩奇就认为，这一主题没有单独强调中国，而是表现了世界融合的概念。

不可否认，中西方之间存在着巨大的文化差异。这种文化差异既体现在举办奥运会的不同方式上，也潜移默化地影响着个人的行为和社会的结构。看过开幕式的人一定都会记得那个与姚明手拉手入场的小林浩。在汶川地震中，这位年仅9岁的孩子，奋不顾身，勇敢地帮助同学脱险。他在接受采访时说，作为班长，他负有照顾同学的责任。这番话让很多西方人感到震惊，他们从一个中国孩子的身上，看到了中国文化展现出的富有魅力的价值观。

差异切切实实地存在于中西方文明之间。但正是中国文化深层次中的这些东西，将会给世界文明带来新的营养和补充。不同文明之间可以有碰撞，但并不必然会产生冲突和战争，这就是2008年北京奥运会着力向世界展示的"和"字的意义所在。

一次奥运会当然不可能解决中西方之间的所有问题，奥运会在北京举行既是中西方文化的一次拥抱，也是一次碰撞。在这样的碰撞中，表面的摩擦可能会逐渐消失，更深层次的碰撞会接踵而来，中西方之间的了解也将随之不断加深。

对企业经营者来说，现代奥运会已经不仅是一场世界性的体育盛事，在这个舞台上，我们展示了经济、社会和文明。因此，对企业界来说，"奥运营销"也成为奥运会成功举办的一个重要条件，无论从奥运筹办资金的来源，还是奥运项目本身的推广，都离不开成功的营销策划。

奥运除了呈献给我们精彩的赛事外，更给企业经营者带来了许多新的机遇。奥运资源如何分配，将深刻影响每一个企业主的营销决策。许多商家甚至是广告公司在制定奥运营销规划时，常常会借鉴四年前甚至更早以前的奥运会经验，学习如何完成自己的奥运之旅。

奥运是场全球体育界的盛宴，也是全球企业界的饕餮大餐，而奥运赞助无疑是道热辣的主菜。大家都知道，与股神巴菲特的午餐会可谓是名副其实的"黄金宴会"，现在，想获得与巴菲特同桌进餐的机会，价格已经抬高至数十万美元。不过，相比之下，要取得奥运会赞助资格，入门票价可要高出这个午餐会数十倍，无疑，这是更为典型的"钻石宴会"。

2008年6月，中国银行董事长肖钢向外界宣布，通过合作伙伴的独享权益——奥运特许商品、门票等销售，中国银行获得超过35亿元的收益。肖钢还称，赞助北京奥运会给中国银行带来的战略价值、经济价值、品牌价值和服务价值的总和，远远超过奥运营销投入。

在花费了6500万美元后，联想成为中国首家"国际奥委会全球合作伙伴"。截至2008年6月30日，联想全球个人电脑销量增长14.6%，连续7季度取得连续性盈利增长。通过3年多的奥运营销，联想在中国市场的知名度上升了15个百分点，美誉度上升了19个百分点，在海外市场的品牌知名度和美誉度也同样大幅提升。

在这个拥有庞大市场的中国举办奥运会，也为国外的赞助商创造了更多的商业机会。2008年奥运会的顶级赞助商通用电气公司（GE）宣布，其在奥运营销的总收入达到17亿美元，与奥运相关的基础设施项目合同为7亿美元。为获得在美国地区的独家转播权，GE旗下的美国全国广播公司（NBC）付出了8.94亿美元的巨额转播费，但其收入则创出了10亿美元的历史记录。

从数字上来看，北京奥运会并没有陷入"蒙特利尔陷阱"，收支情况要优于2004年的雅典奥运会。雅典奥运会共花费了近20亿欧元，极大地加剧了希腊的债务压力，对希腊主权债务危机的爆发起到了推波助澜的作用。2008年北京奥运会结束后，中国国家审计署公告审计结果表明，北京奥组委收入达到205亿元，支出为193.43亿元，盈利超过10亿元。

奥运会开幕前一刻，国人还在扼腕——国产李宁标识必须从运动员领奖服上撤退，换上阿迪达斯标志的体育服饰，就连奥运会和残奥会的所有工作人员、志愿者以及技术官员，都逃不过奥运赞助商阿迪达斯的"五指山"。

充满戏剧性的是，开幕式的最后一刻，阿迪达斯皱起眉头，因为点燃2008北京奥运会圣火的人，就是体操王子李宁本人！

2005年，阿迪达斯豪掷8000万美元一举拿下"北京2008年奥运会合作伙伴"的身份，据说，这个数字比李宁全年的市场费用还要高，更不要说阿迪达斯为其奥运推广付出的后续投入，仅在北京三里屯的新门店阿迪达斯运动之城就耗资8000万美元。

之后，阿迪达斯又推出了以胡佳、郑智、隋菲菲以及中国女排为主角的"一起2008，没有不可能"的奥运主题广告。此属阿迪达斯历史上在单一市场推出的最大规模的营销活动，这个花费大价钱制作的奥运广告，铺满了北京、上海等城市的地铁，并获得了戛纳广告节的户外类金狮奖。

对此，李宁当然明白意味着什么，这就意味着北京2008年奥运会和残奥会的所有工作人员、志愿者、技术官员以及中国奥运代表团成员都将身穿印有阿迪达斯标志的服装。这也意味着从1992年起就穿着李宁牌运动服登上领奖台的中国运动员将不能够在自己的家门口穿上自己的品牌。

2006年耐克参与"暗战"。作为多年的竞争对手，耐克当然也不会让阿迪达斯在中国市场独领风骚。耐克手里捧着超级大明星刘翔，甚至还把他放在公司年度财报的封面上。

相比起阿迪达斯赞助的排球队、柔道队和并不被人看好的足球队，耐克则大撒金钱，足足赞助了28个大项中的22支中国运动队。这些运动队的队员将穿着耐克运动服参加比赛。换言之，全球的观众尤其是中国观众将看到大量中国运动员身穿耐克运动服夺取比赛胜利的场景。当然，耐克的信心，源于刘翔在2004年奥运会上身穿耐克运动服首先冲过终点的镜头在中国的电视台被反复播放。耐克按捺不住心中的得意，它的手上有"双保险"——刘翔、易建联。无论哪一个，都是目前中国青少年心中的偶像。

憋着一口气的李宁并没有罢战，相反，他已经悄悄地展开了"曲线救国"之路。

李宁先后签下了中国四个项目的国家队——射击队、跳水队、乒乓球队、体操队。显然，李宁比"洋巨头"们更了解中国，这四个队过去产生的金牌数占中国队奥运金牌总数的40%。虽然领奖时他们穿着的服装是阿迪达斯，但是这些国家队的队员将会穿着李宁的运动服入场比赛。

更让人叫绝的是，李宁获得了中央电视台奥运频道服装独家赞助权。在2007年1月1日至2008年12月31日期间，CCTV体育频道所有主持人及出镜记者都会穿着李宁公司的产品。

反观阿迪达斯，更不顺的是，它选取的一系列中国运动员代言人中，有的因成绩不佳或伤病渐渐离开人们的视线。如上届奥运会男子十米跳台冠军胡佳，消失在奥运会的参赛名单上；随着中国足球队再次止步世界杯，大家对于阿迪达斯的另一位代言人郑智的热情也受到影响。

直到2008年7月1日，中国广告协会发出一则通知，才让阿迪达斯重拾愉悦心情。通知规定从8月1日至8月27日，非奥运赞助商不得在广告中邀请现役并参加本届奥运会的运动员、教练员和官员等作为代言人。许多品牌将受到影响，包括耐克、安踏等。"我们很高兴。"阿迪达斯奥运项目的负责人柯瑞嘉说。

8月8日，在壮观的开幕式映衬下，在造型独特的鸟巢里，在最具悬念的点火仪式中，体操王子李宁出现了，他绕场一周，缓缓点燃火炬。李宁用手中精致的祥云火炬，"四两拨千斤"般地又一次让人们想起李宁这个品牌。

毫无疑问，奥运会上的金牌得主们都将成为商家追逐的目标。对于那些财大气粗的国际知名品牌来说，将一朝成名身价暴涨的巨星们招入麾下也许不难。然而对于国内大多数正处在成长期的企业来说，通过慧眼挖掘出具有成长空间的明星，似乎来得更加现实。

有分析人士指出，国内部分企业在请代言人的时候，过于考虑明星的人气，而忽略了代言人和企业品牌之间的契合度，最终在消费者心目中只能收获"牵强附会"的感受。

在2008年奥运"火炬飞人"之后，李宁公司完成了品牌塑造，但是，激烈的市场竞争让其并未停留在短暂的成功中，而是未雨绸缪地对李宁品牌进行调整。此时，李宁公司或许已经意识到未来将要面临的巨大困境。

2010年6月30日，李宁公司正式宣布更换启用"Make the Change"（来改变吧）的品牌新口号，取代原来的"一切皆有可能"；新标识是李宁原创的"李宁交叉"体操动作的抽象形象。此举代表着李宁品牌重塑战略全面启动，目标直指世界。

李宁公司正式宣布推出新的标志（LOGO）和口号，这一"变脸"的背后，是李宁公司正在设想应该如何去迎合90后消费群体，如何实现品牌国际化战略，在世界舞台上与国际巨头抗衡。然而，一切并没有像预想的那样发展。首先，90后消费群体并不买单，在他们看来，李宁仿佛是为80后或者更早年代的消费群体设计的品牌；其次，进军国际市场也困难重重。

李宁品牌重塑后的业绩并不理想，据年报显示，李宁公司2012年收入为67.39亿元人民币，同比减少24.5%。

在业内人士看来，2008年北京奥运会给中国体育品牌带来了前所未有的发展契机，借助消费者被激发起来的体育热情和商业赞助、广告营销等因素，许多体育品牌赢得了充足的资本，发展势头蒸蒸日上。在这一过程中，许多品牌不仅大举进军海外市场，还在国内的二三线城市大量开设门店，占领市场。

但疯狂的扩张也造成了恶性竞争或低效门店增多的现象。

2012年7月，随着常胜将军李宁复出重新走向前台，人们不禁浮想联翩，也许，这场国际化的征途才刚刚开始。当人们看到当年的体操王子重登经营舞台的背影时，也许人们会恍然大悟，原来，一个人的梦，一代人的梦，一位企业家的梦，一代企业家的梦从来没有停歇。

寒冬来袭

2008年，一场席卷全球的金融危机，让中国国内的普通市民也隐隐感到一股寒意。从全球的能源危机、美国的次贷危机，到国内的人民币升值、通胀、外贸萎缩、股市大跌，不只是经济专家，连市井小民也都能熟练地讨论这些词汇的含义。

华为的任正非提出"准备过冬"，阿里巴巴的马云发出了《冬天的使命》一文，万科的王石"做好了最坏的打算"。2008年，这个冬天有多冷？当时，谁也不能准确评断。面对这样的寒冬，我们唯一能做的就是考虑该如何御寒、如何过冬，如何利用这个机会修炼好自己的"内功"！

事实上，2008年年底，我国为应对金融危机推出了4万亿元的投资大单，4万亿救市政策可看作是凯恩斯主义的最佳实践。4万亿投资和2009年货币投放约9.6万亿元贷款，是配合刺激计划所采取的"适度宽松"货币政策的体现，这似乎一时取得了抵御金融危机的"重大胜利"。

事实上，政府救市在短期内确实有效，但是，人们似乎没有预计到这场危机的威力。当我们用各种各样的刺激政策，比如增发货币、增加贷款、扩大投资、发放政府补贴等遏制通货紧缩后，2009年下半年，最初的担忧逐渐显现：物价飞涨、信贷井喷、CPI疯狂走高……

凯恩斯主义（也称凯恩斯主义经济学）是在凯恩斯的著作《就业、利息和货币通论》思想基础上的经济理论，主张国家采用扩张性的经济政策，通过增加需求促进经济增长。即扩大政府开支，实行财政赤字，刺激经济，维持繁荣。凯恩斯主义宏观经济学的一个基本公式是：GDP=（消费+投资+净出口）×政府刺激。依据这个公式，经济增长有"三驾马车"。事实上，在此之前，学界对于凯恩斯主义的实际效能从来没有过统一结论。有人认为，凯恩斯主义就像是一种治标不治本的止痛剂，说得更透彻一些，也就是暂时缓解此时的疼痛，而危害则是，你越用，越无法脱离。中国企业研究院首席经济学家李锦也表示，凯恩斯"三驾马车"的药理已经失效。

这驾跑不动了让那驾跑，出口不行了，靠投资。比如，我国2012年总产值为47万亿元，固定资产投资达30万亿元。而现在投资太多不行了，要靠消费。但这种模式不是把消费作为目的而是作为手段，因此消费总是刺激不起来，最终还得推出投资这驾马车。

自雷曼兄弟破产以来，各国政府该用的疗法都用了，有的"输血"，有的"电击"。现在，当我们再回头看时，我们发现，这些方法在阻止大萧条重演、促进经济复苏方面取得过一定成效，但与此同时也留下了后患。因此，率先感受到凯恩斯主义药力副作用的绝大多数新兴市场国家正试图从这个"输血—刺激"的无底洞中抽身出来。

中国社会科学院金融研究所中国经济评价中心主任刘煜辉发出这样的担忧："如果有关部门在投资方向上没有足够的前瞻性，将微观激励用于错误的领域。那么世界经济在两三年内走不出衰退的阴影，政府的储蓄又花了，中国经济今后还能靠什么？"

面对种种疑惑甚至质疑，经济学家林毅夫表示，中国从 2008 年年底推行的 4 万亿元人民币积极财政政策，启动了需求，启动了消费，启动了就业，在 2009 年第一季度的时候经济就开始恢复增长。

2008 年，东部沿海地区由于出口贸易的减少，2000 万农民工失业。就业成为大问题，当时政府审时度势，采取了 4 万亿元积极财政政策，取得了一定效果。在整个国际经济崩盘的状况下，我们实现了稳定增长，经济结构还有很大转变。

在这场危机的背后，我们看到了抗争、勇气与信念。2009 年 1 月 9 日至 13 日，全国各地 100 多名豫商和商会会长云集昆明，讨论豫商的生存与发展之道，将危机转化为发展的契机，最终，"团结起来，互相帮助，抱团取暖"，成了豫商谋求跨越和集体突围的"昆明共识"。

2004 年以来，作为一支新生的商业力量，豫商与它的母体河南一样，逐渐成为国内经济舞台上一支无法忽视的重要力量。到 2009 年初，全国各地的河南商会已经发展到 26 家，还有 8 家正在筹备之中。尽管受到金融危机的影响，但豫商的队伍在不断扩大，招牌越来越亮，凝聚力越来越强。

金融危机发生的时候，东南沿海的豫商最先感知，珠三角地区更为明显。谈到金融危机的影响，广东省河南商会执行会长方思文深有感触。广东从事出口加工的豫商,对金融危机的感受最深。主营国际空运的虹桥国际货运公司,2008年业务量大幅下滑,资金短缺,国际物流方面的业务影响更深。从事来料加工的豫商也感受到,2008年接单量明显下滑。深圳、东莞等地区经营中小企业的豫商,普遍感到资金短缺、融资困难,由于自身经济实力不够雄厚,无固定资产抵押,无法从银行获得贷款,在持续发展上存在困难。做韩国、台资企业零配件加工的豫商陈永波,因外商企业倒闭破产,致使300多万元的货款要不回来。

山西省河南商会会长彭家华说:"在新形势下,我们应该在联系的基础上联合。只有组织跨地域的经济联合体,整合经济资源,突破地域障碍,才能促进各地商会的共同发展。"

在严冬中,生存是第一位的,保存实力才有将来发展的机会。豫商联合会会长陈义初说:"保持生存,最重要的是资金,在危机到来时,要保住主要客户、技术骨干和劳动力,这样机会来的时候才不会手足无措,才有东山再起的力量和机会。"

2009年上半年的经济形势对豫商来说是一场严峻的挑战,但未必不是一次机遇,山西省河南商会会长彭家华就逆势而动,在洛阳投资购买铝厂。他说:"我们不是经常在找项目吗?在此时购买一些缩水企业进行资产重组,未尝不是一个好的选择,它付出的代价要比正常情况下小得多。"

在能源紧缺的背景下,重庆市河南商会的都振孝把目光投向了前景广阔的新能源领域,他在武陟县投资6000万元切入风力发电产业。都振孝说:"我非常看好风力发电的前景,未来还将建设自己的风力发电企业。"

在豫商队伍里，很多人从事建筑业和相关产业，他们从国家4万亿元扩大内需的"盘子"中受益，"在这一轮经济洗牌中，豫商能够团结起来，站稳脚跟，进一步确立优势地位。"豫商联合会会长陈义初说。同时，这也是广大豫商的心愿。

古人云：凡战之道，未战养其财，将战养其力。每一次的危机中都潜藏着很多机遇，百姓在危机中等待机遇，也等待终会到来的春天。

"在金融危机的冲击中，最先给企业的启示就是传统的拼资源、拼消耗、拼劳动力成本的发展思路是不能再继续了，必须千方百计把绿色、环保、减排抓在手里。这是社会责任的要求，也是企业家应当自我激励的第一责任。"全国人大代表、珠海格力电器股份有限公司董事长董明珠说。

2009年，中国制造经受住了国际金融危机的考验。在董明珠看来，在带领企业渡过难关的同时，企业家更应在社会责任领域交出一份合格的答卷。

在谈到一些企业遭遇"民工荒"问题时，董明珠说："这是对中国企业社会责任感的重大考验。企业家应当为员工创造舒适的环境，比如建设员工宿舍，企业应当主动承担这个责任。如果一个企业有足够的社会责任感，关爱员工，为员工提供合理的薪酬和福利待遇，相信这个企业是不会遭遇'民工荒'的。"

全国人大代表、湖北凯乐新材料科技公司董事长朱弟雄表示，金融危机对中国经济社会产生了深刻影响，企业家需要承担更多的社会责任，与国家和社会共渡难关。他认为，不失时机地发展壮大企业是企业首要的社会责任。只有企业发展与壮大才能创造更多的社会财富，帮助国家解决就业等难题。

除了做到尽量不裁员以外，还应吸纳一些优秀农民工和大学生，进行人才储备的同时，解决他们的就业难题，从而维护社会的稳定。

作为一家拥有数千名企业员工的中国高科技新材料龙头企业，湖北凯乐科技公司自金融危机爆发以来，在没有裁减一名员工的前提下，企业改变传统营销模式，大力拓展国内以及亚太、非洲地区的市场，产品供不应求，企业为此追加了多个投资项目。

"一个企业家的成功与否，物质财富只是表象，社会责任感才是衡量的标杆。"福建省政协委员、北京泉州商会会长、润丰集团董事长陈水波如是说。

陈水波，福建泉州南安人，在家乡办企业时颇有成就。2001年挥师北上，在北京成立润丰集团，下属北京润丰房地产开发公司、润丰投资集团公司、润丰投资集团公司上海投资公司等十余家公司。润丰集团的房地产开发项目，深受消费者好评。

作为福建省政协委员、泉州市政协常委，陈水波不忘自己的使命和社会责任。他关注民生民情，每次政协会议上都要针对时弊，提出各种议案，积极为民请命。陈水波事业大成，始终不忘自己的社会责任，尽心尽力回报社会。陈水波和他的陈氏家族造福乡梓，多年来为家乡修路架桥、捐建老人活动中心和教育设施。2008年5月12日汶川大地震，陈水波及其家族在震后第一时间通过中华慈善总会向地震灾区捐款1000万元。这是陈水波尽心尽力在履行自己的社会责任。

青岛港（集团）有限公司董事局主席、总裁常德传，是山东一位重量级的企业家。他对企业家的社会责任感有着深刻的认识："金融危机在中国波及非常大，作为外向度比较高的青岛港，港内有 2 万多名职工，其中 9500 名为农民工，有不少人担心下岗。港口确定了三个不动摇——科学发展不动摇，指标增长不动摇，职工福利待遇不动摇。港口承诺，包括 9500 名农民工在内的职工一个都不会下岗。""职工的问题，实际上就是人心的问题，信心可以变成黄金，变成货币，职工对青岛港有信心了，青岛港下一步的发展肯定会更快。"他说。

金融危机实际上是信心危机，是一种自我实现性的恐慌。如果说金融危机是一个"潘多拉盒子"，在释放了令人恐慌的灾难后，不应忽略，盒子中一定还保留着希望的种子，那就是比金子还珍贵的勇气和信心！危机依然存在，对企业经营者来说，危机就是新的机遇，中国企业家在这场危机中恰恰是抓住了机会的人。

云计算

云计算是 2008 年 IT 界最热门、最时髦的词汇之一。全球经济危机之下，如何降低 IT 企业运作成本的研究持续升温，更使云计算炙手可热。

何为云计算？用专业术语来解释，就是以公开的标准和服务为基础，以互联网为中心，提供安全、快速、便捷的数据存储和网络计算服务。也就是说，在云计算模式下，用户所需的应用程序并不运行在用户的个人电脑上，而是运行在互联网上大规模的服务器集群中。用户所处理的数据也并不存储在本地，而是保存在互联网上的数据中心里。提供云计算服务的企业负责管理和维护这些数据中心的正常运转，保证足够强的计算能力和足够大的存储空间可供用户使用。而用户只需要在任何时间、任何地点，用任何可以连接至互联网的终端设备访问这些服务器即可。

创新工场的创始人李开复的解释颇为生动："如果你正要打开电脑，在一个文字处理软件中写下未来一周的旅行计划，那么你不妨试一试这样一种全新的文档编辑方式——打开浏览器，进入GoogleDocs页面，新建文档，编辑内容，然后直接将文档的URL(网址)分享给你的朋友。没错，整个旅行计划现在被浓缩成了一个URL，无论你的朋友在哪里，他都可以直接打开浏览器访问URL并且与你同时编辑，修订那份旅行计划……"

"云"听起来有点晕，实际上，你早已经在享受它的便利了：网盘、在线杀毒、在线视频等。未来它还会更精彩，你能想象的数字生活与现实生活会合二为一。

美国IBM创始人托马斯·沃森说："我认为，也许5台计算机就能满足全世界的需要。"然而，在2008年第二季度，惠普仅全球个人电脑出货就是1340万台。但云计算的到来证明了托马斯·沃森的预测并没有错，也许这个世界只需要几台电脑——帮助世界实现这个目标的或许就是云计算。

云计算是Cloud Computing的直译，这个名词中文和英文一样让第一次听到的人一头雾水。

2009年一部名为《夏日大作战》的科幻长片，虚拟了一个云生活的乌托邦世界，叫作OZ社交平台。全世界几乎所有人都有一个OZ账号，人们在这个世界里不但可以购买到现实中的所有商品，还可以在这里办理税收手续，为现实的自己申请贷款，并从这里了解医院的医疗资源，收到现实道路的交通情况……总之，所有公共服务以及所有经济信息都在同一个平台上自由流通，在这里，现实世界与数字世界的生活完全统一了。

影片中，OZ 随便拿个智能手机，就能在这个虚拟世界闲逛。玩过游戏的人都知道，越复杂的游戏，包含的数据容量就越大。2011 年，IDC 的数据显示，全球的数据产生量达到了 1.8 万亿 GB。OZ 先进到与现实接轨，每天产生的数据并不会比现实世界低，难怪看过电影的人高呼，如此先进的技术，只能是云计算了。

实际上这样的生活在现实中已经部分实现，韩国首尔在 2008 年推出智慧城市规划，所有市民都能通过手机收到即时的交通信息。这里面不仅有道路拥堵的提前通知，还可以推荐公交线路，就连地铁到站时间、目地站的衣食住行资讯，也可以提供给民众。

2009 年 3 月的 TED 大会上，美国 IT 界人士凯文·斯拉文发表了关于演算法如何塑造世界的演讲，他的观点是我们生活在一个由演算法设计，并逐渐由演算法控制的世界。

他描绘的这个云时代里，你的所有生活，都能被云端服务器理解。比如，你正在想或正要做的事，你的各种需求，都会及时地通过各类终端，如智能手机、平板电脑、笔记本电脑、电视机甚至是空调和热水器，来得到及时满足。

3G 门户首席执行官邓裕强认为，这个过程是润物细无声的，他早就习惯了用在线文档修改和存储文件，通过在线地图查找咖啡馆。换言之，用一部手机就几乎能完成所有工作任务。

对于云计算的命名，IT巨头们各有各的定义。Google说"云计算就是互联网"；而微软却提出了"云端计算"的概念，即"云"和终端都会具备很强的计算能力，它更强调了客户端软件的重要性；英特尔强调"云计算"时代，终端的重要性反而会加强；IBM说"云计算是一个可分享的虚拟池，一个全新的企业级数据中心"……巨头们口中的云计算并不一致，但不约而同地，他们观点的提出都建立在自己的优势上。

云计算在IT市场上的形成，为供应商提供了全新的机遇并催生了传统IT产品的转变。IDC咨询公司用于IT云服务上的支出在5年间增长3倍，到2012年达到420亿美元，占据五大关键市场单元9%的份额。更重要的是，在云计算上的支出将进入加速发展阶段。

IDC咨询公司资深副总裁兼首席分析师弗兰克·金表示："IDC对IT管理层、首席信息官和主要业务主管做了一次市场调研，结果显示云服务正在进入人们的视野，并得到普遍的认可和接受。云模式为企业提供了采购和使用IT时更加经济实惠的方法，在经济低迷时期，成本优势无疑是最具吸引力的。这个优势对于中小型企业显得尤为重要。"

阿里巴巴是国内第二家高调宣布进军云计算的。阿里巴巴集团旗下子公司首个电子商务云计算中心2009年落户南京，该中心前期投资超过亿元。

而IBM在中国无锡建立的世界首个商用云计算中心已经实现商业化，打的同样是中小企业牌。IBM称，通过网络提供服务和软件，云计算可以帮助客户节省多达80%的机房面积和60%的能源和冷却费用，同时将资产利用率提升至原有水平的3倍。IBM在云计算业务上投入的收购、研发和整合成本已超过 20 亿美元，其中建设其位于美国北卡罗来纳州的"公司历史上最复杂"的云计算中心就将耗资 3.6 亿美元。

信息技术咨询公司 IDC 预计，到 2013 年云计算服务开支将占整个 IT 开支增长幅度的近三分之一。美林公司则预计未来 5 年，全球云计算市场规模将达到 950 亿美元。

从卖书到卖云计算，让亚马逊公司已拥有诸如《纽约时报》和纳斯达克证券交易所等 30 万客户。

《纽约时报》开放了 1851 至 1922 年间的 1000 多万篇文章。《纽约时报》的高级软件架构师 Derek Gottfrid 将这项任务外包给了亚马逊公司，采纳了亚马逊的云计算服务。

但相对于国际 IT 巨头在 2008 年热捧云计算的激烈争夺战，中国本土企业对云计算的认识上与国外还有很大差别。国外企业是以建立云平台为中心，在平台上提供各种服务并为用户开源共用；国内企业投资云计算首先强调的是为自身主营业务服务。

也许中国企业还没有相信互联网是一个技术为王的行业。在如此之多已经取得巨大成功的中国互联网企业看来，先进的技术远不如火爆的"美女营销"。

时间仅过了一年，云计算如同一股强劲的飓风席卷了全球。云计算之火热，让中国企业看到云计算不只是一项新技术，而是这种技术机制引发的整个产业链的一次巨变。

随后，阿里云、盛大云、新浪云、百度云等公共云平台的发展；腾讯、淘宝、

360等互联网企业云开放平台的兴起；浪潮、曙光、金蝶等传统IT商场的云模式转型；移动、电信、联通大三运营商云应用部署……对于中国IT产业而言，云计算带来的最大机会在于建立以人、数据和服务为中心的社会化网络平台，并推出涵盖搜索、广告、社交与商业的多元化应用。

华为在数据中心领域的积累已有超过10年的历史，从2001年提供传统的数据中心解决方案，到2011年云数据中心发布并成功商用，华为一直持续、大规模地投入数据中心研发，积累了丰富的数据中心建设、管理和运维的经验。截至2012年第四季度，华为已帮助全球客户建设了260多个数据中心（35个为云数据中心）。

2012年华为实现全球销售收入2202亿元人民币，同比增长8.0%；实现净利润153.8亿元人民币（24.7亿美元），较2011年的116.5亿元人民币增长32%。2012年第四季度华为品牌首次跻身智能手机全球前三。

2013年4月8日，全球领先的信息与通信解决方案供应商华为，宣布正式发布云时代数据中心新一代基础架构体系——分布式云数据中心，并引起广泛关注。华为是业界第一家提出分布式云数据中心DC2技术理念和架构的公司。

新时代

随着科技的发展，物联网时代已经是人类预见的继计算机、互联网之后的全新时代。所谓物联网，是指用射频自动识别技术，使得物体和物体之间能够识别。

2010年7月,全球第一台物联网冰箱诞生。海尔物联网冰箱达到国际领先水平。这标志着海尔继续推动着全球冰箱行业的技术升级。

海尔物联网冰箱除了能提供食品保鲜外,还能像一个食品管理专家一样为消费者提供一整套的解决方案。

采用"智能物联技术"的海尔冰箱可以通过与网络连接,实现冰箱与冰箱里的食品进行"对话"的功能。譬如,它知晓储存其中的食物的保质期、食物特征、产地等信息,并会及时将信息反馈给消费者,让消费者对冰箱里的食品做出必要的反应。同时,海尔物联网冰箱还能与超市相连,让消费者足不出户就知道超市货架上的商品信息,并能根据设定的程序自己购物。这不仅节省了用户的宝贵时间,而且还免去了到超市人多排队的烦恼。

此外,海尔物联网冰箱还能根据主人放入及取出冰箱内食物的习惯,制定合理的膳食方案,给消费者提供健康、营养的生活方案……因此,从技术与使用层面看,海尔物联网冰箱已经完全超越了传统冰箱的保鲜功能,一举跃升为家庭生活管理专家。

此外,海尔物联网冰箱还是一个独立的娱乐中心。据海尔物联网冰箱的欧洲设计师弗朗西斯科介绍,这款冰箱还带有网络可视电话、浏览资讯、播放视频等多项生活与娱乐功能,让原本属于生活电器的冰箱成为一个娱乐中心。

从使用上看,物联网冰箱与冰箱里的食品实现了自由对话,提高了人类对食品的管理与应用。从技术上看,它是各类传感器和现有的互联网相互衔接的一种新技术,是对互联网技术的延伸。现在,物联网已开始不断地改变着我们的生活方式和消费习惯。海尔抓住物联网时代的先机，推出了全球首台物联网冰箱，为全球消费者创造了一种颠覆性的生活方式。

作为一款跨时代的超级冰箱，海尔物联网冰箱拥有广阔的发展前景。且海尔物联网冰箱具备了量产的条件，可大规模生产推广。

目前，我国对物联网技术的研发水平已经处于世界前列。在一些先行的成功案例中，物品的信息已经能够被自动采集并上网，其管理效率大幅提升，有些物联网的梦想已经部分实现了。所以，物联网的雏形就像早期的电脑与互联网一样，而在电脑与互联网出现之前，没有多少人会对计算机和互联网感兴趣。但现在，计算机和互联网已经成为现代生活的必备元素了，没有人说能离得开它。这也从侧面昭示出物联网代表着的未来趋势。

物联网冰箱只是一个开端，未来会出现一系列的物联网家电，打造一个物联网家庭。如果用一句话概括未来的物联网生活，那就是"身在外，家就在身边；回到家，世界就在眼前"。

随着云计算的兴起，也催生了大数据的概念。云计算与大数据应用各不相同。有人这样比喻："云计算和大数据是双胞胎，两个是不同的个体，互相依赖又相辅相成。"

云计算和大数据最大的不同在于：云计算是你在做的事情，而大数据是你所拥有的东西。以云计算为基础的信息存储、分享和挖掘手段为知识生产提供了工具，而通过对大数据的分析、预测会使得决策更为精准，两者相得益彰。

此外，大数据为云计算大规模与分布式的计算能力提供了应用的空间，解决了传统计算机无法解决的问题。同时这个领域的计算标准与软件均刚刚起步，市场机会前所未有。

沃尔玛是最早利用大数据而受益的企业之一，一度拥有世界上最大的数据仓库系统。通过对消费者的购物行为等非结构化数据进行分析，沃尔玛成为最了解顾客购物习惯的零售商。早在 2007 年，沃尔玛就建立了一个超大的数据中心，其存储能力高达 4Pb 以上。《经济学人》在 2010 年的一篇报道中指出，沃尔玛的数据量已经是美国国会图书馆的 167 倍。

社交媒体的兴起、数字传感器的应用以及移动设备终端的普及，带来了各种数据海量般地快速产生，也使大数据时代从理论快速地走向现实。目前，全球企业的数据量每年以 55% 的速度增长，现在只需两天的时间就能产生自从有人类文明以来所有数据的总量。

中国软件网总经理曹开彬表示，大数据其实是一种在互联网时代或信息时代的企业现象，尤其是大型企业和互联网企业，会在经营过程中产生大量的、各种各样的数据。它有几个典型特征：数据量大、数据类型复杂、处理速度快。

IBM全球CEO弗吉尼亚·罗睿兰说，数据将是下一个大的自然资源，将会区分每个行业的胜者与输家。从2005年至今，IBM已收购了28家公司，并不断拓展其生态系统。

国外打得热闹，国内的IT企业也不甘示弱。宝德一直在关注业界的发展动态。为了应对大数据时代的到来，宝德在云存储管理系统、BI数据挖掘与优化以及大数据块存储等方面下了大功夫。宝德旗下宝软与华东理工大学在云存储平台和物联网技术方面结成产学研联盟，针对相关技术难点课题，利用高校雄厚的研究人才储备，开展紧密合作，建立宝德特有的数据管理技术优势。同时宝德也在寻找市场上大数据分析领域的优秀公司和团队，准备开展投资合作甚至是产业收购，进一步加强并拓展宝德在大数据市场的能力。

那么，大数据到底能给企业带来什么价值呢？本质上说，大数据本身没有太多价值，基于大数据的处理和分析才能为企业带来巨大的增值价值。

曹开彬认为，大数据里面包含企业运营的各种信息，如果能对它们进行及时有效、充分恰当的整理和分析，就可以很好地、迅速地帮助企业进行业务决策，响应客户需求，提升竞争力。

一个简单的场景是，当IT设备出现异常时，IT运维人员只需要搜索关键词"Error"，系统便会列出包含"Error"的机器运行日志，并以很好的图形化方式展现出来。IT运维人员可以据此判断出异常出现的具体时间、具体设备，并分析故障原因。

显然，与以前凭借经验进行故障判断相比，数据分析提供了更精准的信息，而这便是大数据的魅力所在。那么，企业该如何抓住大数据带来的机遇呢？

作为中国最大的电子商务公司阿里巴巴正在利用大数据技术提供具体服务——阿里信用贷款与淘宝数据魔方。

以阿里信用贷款为例，阿里巴巴通过掌握的企业交易数据，借助大数据技术自动分析判定是否给予企业贷款，全程不会出现人工干预。据透露，截至目前阿里巴巴已经放贷300多亿元，坏账率约0.3%左右，大大低于商业银行。

淘宝数据魔方则是淘宝平台上的大数据应用方案。通过这一服务，商家可以了解淘宝平台上的行业宏观情况、自己品牌的市场状况、消费者行为情况等，并可以据此做出经营决策。

华大基因研究院是一家致力于生命科学研究的生物科技公司，曾经承担过国际人类单体型图计划（10%）、水稻基因组计划、家蚕基因组计划、家鸡基因组计划、抗SARS研究等重大科研课题。华大基因研究院院长汪建透露，华大有一支专业的团队致力于数据库建设和基于Web的应用开发。最早人类基因测序需要一年的时间，费用也以百万美元计。而现在的目标是让越来越多的人有能力为基因测序付费，从而将疾病的隐患发现在根源，提高生命的质量。而费用降低的前提是基因测序计算水平的提升与数据分析能力的完善。

深圳光启高等理工研究院院长刘若鹏表示，2012年光启的首款超材料产品——卫星接收薄膜板的中试线已经投产。超材料从十年前的科学理论概念到初步应用，依靠的是以亿为单位的大规模的数据计算与分析能力。

正如《纽约时报》2012年2月的一篇文章中所称，大数据时代已经降临，在商业、经济及其他领域中，决策将日益基于数据和分析做出，而并非基于经验和直觉。

哈佛大学社会学教授加里·金说："这是一场革命，庞大的数据资源使得各个领域开始了量化进程，无论学术界、商界还是政府，所有领域都将开始这种进程。"

2012年9月2日，海尔集团公司董事局主席、首席执行官张瑞敏说："世界经济变革大局中，所有企业都面临非常大的挑战，但中国企业的挑战首当其冲，而且特别严峻。为什么呢？就是因为第三次工业革命带来的数字化制造旨在降低产品成本，中国廉价劳动力的优势或将随之消失。"

2012中国企业500强发布暨中国大企业高峰会在中国东北的吉林省长春市举行。美国推进"再工业化"战略和全球"第三次工业革命"是中国很多企业家关注的话题。

2012年5月底上海几份大报集中编译报道了4月21日世界著名的英国杂志《经济学人》关于"第三次工业革命"的封面专题系列文章。6月初，中信出版社引进翻译出版的杰里米·里夫金专著《第三次工业革命》中文版上市，又为这把"火"添柴加油。

《经济学人》指出，3D打印技术将使工厂彻底告别车床、钻头、冲压机、制模机等传统工具，这种更加灵活、所需要投入更少的生产方式，便是第三次工业革命到来的标志。传统的制造业将逐渐失去竞争力，数字化、人工智能化制造与新型材料将广为应用。

3D打印技术实际上是一系列快速原型成型技术的统称，其基本原理都是叠层制造，由快速原型机在X-Y平面内通过扫描形式形成工件的截面形状，而在Z坐标间断地做层面厚度的位移，最终形成三维制件。目前市场上的快速成型技术分为3DP技术、FDM熔融层积成型技术、SLA立体平版印刷技术、SLS选区激光烧结、DLP激光成型技术和UV紫外线成型技术等。

3D打印机将成为我们日常生活的一部分。通过使用塑料、金属、陶瓷等材料将物体一层接一层地打印出来，3D打印机可以打印出非常精密的产品。而且这些打印出来的产品还能够根据客户的要求进行定制。

比利时梅洛特公司首席执行官弗勒林克介绍说，3D打印技术对于生产者来说，可大幅降低生产成本，提高原材料和能源的使用效率，减少对环境的影响，它还使消费者能根据自己的需求量身定制产品。

3D打印机既不需要用纸，也不需要用墨，而是通过电子制图、远程数据传输、激光扫描、材料熔化等一系列技术，使特定金属粉或者记忆材料熔化，并按照电子模型图的指示一层层重新叠加起来，最终把电子模型图变成实物。其优点是大大节省工业样品制作时间，且可以打印造型复杂的产品。因此许多专家认为，这种技术代表制造业发展的新趋势。

3D打印技术不是异想天开，水杯、小提琴、首饰甚至汽车和飞机，皆可被打印出来。这不是说说而已，这种被俗称为3D打印的神奇技术成为许多国家的研发新宠。这更不是遥不可及，3D打印已在美国工业界掀起大潮，被寄予重振制造业的厚望。

美国康奈尔大学副教授兼创新机器实验室主管霍德·利普森指出："3D打印正在逐渐渗透几乎每一个相关产业，比如娱乐、食品、生物以及医疗应用等。"

2013年2月18日，据国外媒体报道，英国伦敦Softkill Design建筑设计工作室还首次建立了一个3D打印房屋概念。

日本诊所利用3D打印技术制造胎儿模型受到准父母的欢迎。据美国一媒体报道，2012年8月，日本一家诊所开始提供一项新服务，利用3D打印机制作胎儿模型，使准父母们提前数月将自己的孩子"捧在手中"。

2013年4月3日，据中国国防科技信息网报道，最新的前沿制造技术已经对太空探索的未来产生了显著影响。J-2X火箭发动机的主承包商——美国普惠·洛克达因公司正利用先进的选择性激光熔凝(SLM)3D打印工艺，制造用于发动机的排气孔盖。最新的前沿制造技术已经对太空探索的未来产生了显著影响。

这一零件在3月7日的火箭发动机点火试验期间，暴露在恶劣环境下进行了试验。SLS项目经理表示，此次试验成功验证了选择性激光熔凝技术的可靠性。美国在推进下一代重型运载火箭的同时，工程师们正在寻求类似于SLM的方法，使得火箭更具经济性。

3D打印是一项新兴技术，这项技术在带给人们众多便利的同时，也引发了一些批评之声。2012年6月，美国一名军械工人运用该技术制造出了一把可用于实战的枪支。在发生康州校园枪击惨案后，这项技术也引发了争议。

即使在3D打印这样尖端的技术面前，中国也毫不示弱。湖南华曙高科技有限责任公司、武汉滨湖机电技术产业有限公司、南京紫金立德电子有限公司、华中科技大学等一批中国企业和院校率先涉足3D打印技术领域，并获得可喜成就。

2012年8月15日，一台选择性激光尼龙烧结设备在长沙下线并首次出口美国，这让湖南华曙高科技有限责任公司的员工倍感骄傲。因为它标志着中国在3D打印装备制造领域取得了重要技术突破。

目前中国的3D打印还处于概念预热和产业培育期，国家层面正在推动3D打印技术在创意和设计领域的应用探索。

中国在第一次、第二次工业革命中落后于世界，这一次我们要把握机遇。云计算和大数据等新兴技术的诞生，将引发新一轮的产业升级，第三次工业革命的战火正在燃起。中国企业作为后起之秀，在新时代中终于能够和其他发达国家站在同一条起跑线上。

商业模式创新

如今，商业模式已成为挂在创业者和风险投资者嘴边的一个名词。它第一次出现在 20 世纪 50 年代，但直到 20 世纪 90 年代才开始被广泛使用和传播。

商业模式是一种包含了一系列要素及其关系的概念性工具，用以阐明某个特定实体的商业逻辑。它描述了公司所能为客户提供的价值以及公司的内部结构、合作伙伴网络和关系资本等用以实现（创造、推销和交付）这一价值并产生可持续盈利收入的要素。

有一个好的商业模式，成功就有了一半的保证。商业模式就是公司通过什么途径或方式来赚钱。

随着市场需求日益清晰以及资源日益得到准确界定，机会将超脱其基本形式，逐渐演变为创意（商业概念）。商业模式也是创业者创意，商业创意来自机会的丰富和逻辑化，并有可能最终演变为商业模式。

在一个大变革的社会中，企业的更新换代实际上是商业模式的推陈出新，面对自由市场的竞争，所有企业，不管是传统行业还是新兴产业，是在创业起点还是在腾飞过程中，都将面临残酷的竞争和考验。这些企业一旦创造了独特的商业模式，它们就有可能领引一代风骚，成为时代的标杆。

然而，并不是有了商业模式，企业就一定会成功，还要有一个好的经营，并要在经营中不断发现新的问题。我们不要唯商业模式而商业模式，套死路子，商业模式不是万能的，不是灵丹妙药。

下面将列举腾讯、大连万达、新经典文化三家公司的商业模式创新。

蓦然回首，这只当初亦步亦趋的小企鹅，已经成为一个航母级大平台，从目前的股价来看，腾讯已经稳居国内互联网企业市值的头把交椅。

腾讯以 IM 为核心依托，以 QQ 为平台，低成本地扩张至互联网增值服务、移动及通信增值服务和网络广告领域。其中，门户网 QQ.com 现在稳居业界流量第一，拍拍网位于业界第二，SP 排名前三，休闲游戏业界第一，网络游戏稳居前五。虽然单项业务并非都是第一，但总体实力却是无出其右。

IM 为腾讯带来的最宝贵的资产，是庞大的活跃用户群体。在马化腾通向理想中的"在线生活"道路上，这是不可或缺的重要资源。没人比腾讯更了解这群年轻的用户，腾讯可以在他们身上做到其他 IM 不敢奢望的事情——收费，就注定了腾讯还能依靠对他们的深入了解，不断为他们提供新的服务，不断增加对这群用户的"钱包占有率"。

从腾讯近期的网络游戏、门户到 C2C、搜索的扩张脚步中，我们可以看到这样一个模式：在巩固目前业务收入、保证现金流的情况下，同时开始培养种子业务；在其他先入场者商业模式基本清晰、市场竞争基本充分的时候，腾讯建立小规模团队，试运行悄然启动；在此过程中把新业务与 IM 核心优势进行整合，而一旦该业务经腾讯改造后，到了能真正发挥腾讯社区融合特性之时，也就意味着腾讯看到了成功的曙光。

当有人置疑腾讯没有"技术含量"，就是靠着"简单模仿＋QQ 用户"

闯天下时，马化腾却很不赞同这种将腾讯发展策略简单化的说法。他说："在扩张的过程中，我们是很依靠QQ，但同时，我们新加入的服务也改变了QQ社区。你不能认为有即时通讯，后面做什么都可以一点不费力。游戏、门户、娱乐、搜索、电子商务，如果没有即时通讯帮助就不如对手的话，长远来说肯定还是没有发展的。"

在腾讯的视野中，未来互联网的应用主流仍将是工作和学习，最长期、稳定的收入模式应该来自企业付费和广告收入，包括搜索付费和电子商务。

除了在腾讯总收入比例已经跃升至3.2%的广告业务之外，无论是刚刚起步的搜索还是电子商务，都很难在近期看到赢利前景，这些都是腾讯目前的种子业务。

腾讯的永远有多远？出击电子商务与搜索等更商务化的新领域能否成功？这些既承载着马化腾心目中从"年轻人的娱乐"到"成年人的生活"之间的跨越梦想，也将成为测量原核心业务QQ对新业务的影响磁场到底有多广的一个标尺。

以往事实证明，QQ娱乐形象的成功，以及由此引起的强大的思维定式，曾是腾讯在商务市场上的反作用力。与MSN界面同样"白领"的商务软件RTX的受挫似乎可以说明这一点。腾讯利用自己的用户基础做电子商务，无论是C2C还是B2C，都是希望电子商务成为自己的成人仪式，成为娱乐与商务、用户与客户之间的一块跨板，让QQ在其间实行平滑过渡，让人们看到，小企鹅不只会做娱乐。

中国社会科学院信息化研究中心秘书长姜奇平认为，"商业模式通常是许多商人共同走的路，但也有一种商业模式，是一个人创出来的。腾讯科技商业模式，就属于后者。腾讯的QQ之路，是马化腾一个人走出来的中国式互联网之路"。

除了腾讯，万达一直在进行商业模式的探索——从分零出售到整体出售再到不出售，境界不断攀升。只租不售的模式使商业地产开发资金的回收周期大大延长，形成巨大资金压力。在这样的情况下，万达选择将成熟物业打包为信托投资基金(REITs)，再将基金单位在海外资本市场公开发售筹集资金。商业地产的证券化，将会使万达的商业地产运作产生飞跃。能够拿到充裕的资金，然后可以大规模的并购，再把物业放到信托投资基金中去融资，这可能使它在业内遥遥领先。

"商业模式创新是最具竞争力的。"王健林认为，不管是技术层面的创新、管理方式的创新还是营销方式的创新，都不如商业模式创新重要。

大连万达集团商业地产操作的演变过程，这也是一个商业模式完善、升华的过程。

订单模式。订单模式指先与商业地产的用户签订合同，然后按客户要求设计、建造。第一个好处是节约资金，大堂、电梯、卸货区的布置，按用户需要量身定制，绝无浪费；第二个好处是降低风险，根据事先签订的协议，项目竣工91天即开始收取租金。

万达进而与合作伙伴建立长期合作关系——万达走到哪里，他们跟到哪里。目前万达已经和17家跨国企业(包括沃尔玛、时代华纳、百胜和麦当劳等世界500强)签订了战略合作协议。除了北京和上海以外，万达与合作伙伴都确定一个平均租金，进一步调控风险。

万达在 2004 年起全面推行只租不售，以长期的租金收入替代了一次性销售回款模式。对于此前已经分割出售的 10 个项目，除了南京、青岛等项目之外，绝大部分出售商铺全都"包租"回来，并保证业主一定的回报率。只租不售可以解决后期经营管理中的问题，但为开发商带来长期稳定现金流的同时，却由于大量资金无法在短期内回流，使开发商又面临着更为致命的资金瓶颈。

商业地产的资本嫁接，万达的目标是将成熟商业地产打包成信托基金在海外上市。无疑，王健林已经领悟到房地产信托投资基金是救活商业地产的最佳融资方式。因为，他在此前的开发实践中发现，两年期左右的银行贷款根本无法支撑有长期经营需要的商业地产开发。而国外发展较好的购物中心，无一例外都是通过房地产信托基金作为资金支持的。新加坡和中国香港地区已经放开了对境外房地产信托基金的限制。国际 CCIM 注册房地产估价师袁帆分析道："这种基金从严格意义上说是以成熟物业为基础的，因此风险小，收益也比较稳定。这对于开发商而言，一方面是缓解了现金流的危机，另一方面又可以将风险融入资本市场。"

万达集团自 1998 年成立至今，已形成了商业地产、高级酒店、旅游投资、文化产业、连锁百货五大产业模式，企业资产达 2200 亿元，年收入 1051 亿元，年纳税 163 亿元。已在全国打造 49 座万达广场、26 家五星级酒店、1000 块电影银幕、40 多家百货店、45 家量贩 KTV。

在王健林的领导下，万达集团创立了不可复制的商业模式。万达电影院依托了万达商业地产的核心优势，快速发展，成为中国电影院规模最大、发展最快的影院终端。

投资银行家，光彩49集团副总裁王世渝认为："万达模式成功之处在于：首先，在集团内部，将住宅和商业分成两个业务进行专业化运营，不是在'一个车间里生产的'；其次，还是那句老话，用专业的人做专业的事，注重专业化；第三，按产品内在的客观要求来组织一切，而不是凭主观臆造，想当然投资经营。"

管理是万达成功的另一个秘诀。在万达，承接一个项目前，拿地成本、规模设计费用、建设费用、招商租金全部都要事先做好预算。万达有精准的模型，误差能控制在万元以内，这是任何一个地产商都做不到的。

除了商业巨头，我们也看一看小公司。一提起出版行业，我们一定会问这些问题，传统出版还有市场吗？纯文学还有市场吗？但陈明俊的回答是肯定的："人对文学的需要是永恒的。"

他戴着眼镜，清瘦，气质冷淡，名片上只写着地址和电话，没有职位、没有身份。

他一手创办的新经典文化有限公司，正是因为出版经典文学作品，获得了不可思议的成功：首次获作者独家授权的《百年孤独》中文版，上市4个月卖掉80万册；《德川家康》总销量已达到220万册；《1Q84》卖掉160多万册；《白夜行》200多万册；张爱玲的作品累计销量超过360万册；三毛的作品累计销量已超过300万册……这在现在销售量超过10万册就算畅销书的图书销售市场，简直是一个又一个神话。

在陈明俊看来，用销量来衡量一本书的成功"比较俗"。"出版要回到最根本的问题，即这本书是否有持久的价值，值不值得出版？"陈明俊说，这才是新经典选择是否出版一本书最根本的依据。"有时候纯粹了，事情反而简单了。"

新经典文化有限公司起家于 2002 年才成立的新经典工作室，最初靠出版经典外国文学作品而独树一帜。现在的新经典文化有限公司，已成为中国最具实力的民营出版公司，旗下有新经典、爱心树、十月文化、读书人四个品牌。新经典主打外国经典文学；爱心树品牌主打童书，其中《窗边的小豆豆》累计销量 380 万册，《可爱的鼠小弟》系列销量突破 260 万册；十月文化品牌主打张爱玲、沈从文、路遥、陈忠实、三毛等华语文学中著名作家的作品；读书人品牌主打财经励志类图书，其中《富爸爸，穷爸爸》系列中文简体版的销量突破 600 万册。

"一本书要卖得好，就要找准书的气息。"在他的描述中，每一本书都是带着"气"的，出版人要对作家、作品有理解，才能理解书的"气"。"《百年孤独》的盗版卖得都不好。一本书的气息和哪个译者呼应，它的定位是什么，读者人群是什么，什么样的封面、什么样的包装，都是需要特别认真琢磨的事。"

新经典一共有 90 多个编辑，一年出书基本在 160 册左右。"编辑人数跟出书量比起来特别富裕。"陈明俊说，要让编辑在一个宽松的环境下自由成长，"一个编辑要优雅起来。只有这样的状态，才能做出优雅的书来。"

在中国出版界，一本销量超过 50 万册的图书就会引起很大轰动，新经典动辄超过百万的销量成为出版界的一个谜。著名的畅销书出版商磨铁图书前总经理张凯峰曾表示过对新经典的艳羡："新经典的海外作家资源我们比不了，这是我们迈不过去的门槛。"

"别人都看我们的书销量大，其实很多书都是耗出来的。""养书"的营销方式，是新经典常用的手法。这是一个相当昂贵的营销方式。

实际上，从新经典商业模式的成功中，应该说它是一种战略的成功，企业的领军人物在时代巨变的背景下不断深入和定义了自己原先所从事的印刷业的行业内涵和外延。出版人要对作家、作品有理解，才能理解书的"气"。领军人物将"书气"延伸到增值服务，并以此来整合企业资源和业务模式。

接　班

中国第一代企业家，是一个国家在巨大转型时期的产物。他们在20世纪80年代中期以前开始踏上创业的艰辛之旅，今天，他们中的大部分人已经过了花甲之年，但他们依旧在奋斗不息。这些人都经历过特殊的社会转型时期，在从计划经济到市场经济的体制艰难蜕变中，他们的灵魂和肉体都得到了淬炼。

2013年3月18日晚，中国第一代企业家、江苏省华西村的原党委书记吴仁宝逝世。吴仁宝的离去，意味着中国第一代企业家在逐次凋零。然而，即使到了去世的前夕，他仍然表现出了一名共产主义者的言行举止。3月15日晚上，他翻来覆去睡不着，示意要了解当天的新闻，在工作人员把《人民日报》《新华日报》上有关国家领导人选举及两会情况读给他听后才睡着。16日早上一醒来，吴仁宝就问村里的负责同志，这个月的经济效益如何？大华西的规划实施如何……

  以吴仁宝为代表的中国第一代企业家，都表现出了天下为公的思想和强烈的责任心，对个人的享受反而无欲无求。在号称"天下第一村"、家家住别墅的华西村，吴仁宝仍住在最破旧的房子里。同样，像鲁冠球、刘永好这样的企业家，他们充满智慧的同时又真诚善良，在努力发展生产的同时，还对社会发展做着自己的贡献，并且不事声张，心态平和。这些中国第一代的民营企业家们，他们是改革开放的最先受益者，同时也抓住了20世纪90年代全球制造业向中国转移的机遇，立足于低成本制造优势，全面参与全球产业分工。他们为解决就业压力巨大的中国社会做出了卓越的贡献。

  第一代民营企业家更多希望"子承父业"，而对职业经理人大多嗤之以鼻、不愿轻易信任。他们普遍认为，法律尚不健全，中国目前也尚未形成真正意义上的职业经理人阶层。于是，我们看到，吴仁宝选的接班人是自己的儿子吴协恩，鲁冠球选定的接班人是自己的儿子鲁伟鼎，周海红选的接班人也是自己的儿子周耀庭。

  但在选择接班人的问题上，第一代企业家也有不同的看法。柳传志把苦心经营的联想集团交到杨元庆手中，华为的任正非则选择"轮值CEO制度"。

  相比第一代民营企业家的心路历程而言，中国的第二代企业家，他们有着得天独厚的条件，他们一般受过比较良好的教育，有的甚至具有海外留学背景。因为恰逢改革开放，因此，他们较少受到计划经济的束缚，对先进的管理思想和经验接触得更快、更全面。

  这一代的民营企业家大多从事的是服务流通和信息产业。与第一代民营企业家经营的传统制造业不同，这些后起之秀，如杨元庆、李彦宏、史玉柱、马云等人更多的像一个"海绵"，他们精于中西管理之道，能够融合海纳百川的信息，并根据市场信息做出快速的反应。他们的商业模式大多从西方国家直接复制过来，并能够为己所用。这种借鉴方式，在互联网产业更多地表现为借鉴美国硅谷的创业氛围。

他们没有第一代长年累月的原始资金积累过程，第二代民营企业家更多的是选择合作、合资，通过私募融资、海外上市等途径实现企业的迅速扩张，以并购等手段进行整合，从而跃上行业领袖的地位。

和第一代民营企业家的大公无私比起来，第二代民营企业家更崇尚自我、更注重个人价值的体现。他们更信奉商业规范，更尊崇股东利益，更在意对企业股权的牢牢掌控。第二代民营企业家在引进西方先进的管理模式的同时，也潜移默化地接受了西方注重实现个人价值观的思想。

宗庆后的女儿宗馥莉在管理上与宗庆后截然不同，宗馥莉拥有多年的海外留学经历，在美国学的是国际贸易，在学业上很早就开始了做企业家的准备。同样是做老板，同样是经营企业，两代人却有着不同的理念。

他们比第一代民营企业家更相信专业的现代化企业管理，信任职业经理人，而不是传统的家族制传承和管理体制。比如，马云在2013年辞去了CEO一职，成为董事会主席，将阿里巴巴的未来交到他信任的职业经理人手上。

第一代企业家虽然逐渐褪去光芒，但长青的企业基因却蓬勃而生。两代企业家在希冀企业长青的热望上是一样的，他们有着共同的梦想——发展企业，振兴中华。

2011年11月2日下午4点30分，国内众多媒体齐聚北京香格里拉大饭店，他们被提前邀请来，听取联想集团的业绩发布。

晚上7点半，柳传志脸上挂着他惯有的微笑，和杨元庆等8名高管在无数闪光灯的闪烁中登场。从此，联想正式进入杨元庆时代。如此低调的"卸任会"，让在场的很多记者措手不及。

那天的"卸任会"上，柳传志作为绝对的主角，站在台上接受着掌声。他用平稳的语调为大家演讲，演讲稿中既有平实真诚的坦率，又有饱含激情的雄心。

他是一位开拓者，他对中国改革开放以来走过的政商道路了如指掌。他在一个混乱无序、缺乏基本规则的环境中参与建立规则。他时常感叹，当下年轻的创业者们所拥有的环境其实是前人一步步探索争取来的。他教诲年轻人要抵制种种诱惑，坚持更纯净的商业原则。

他多次展现他的经营能力，大张旗鼓地营造振兴民族品牌的浓厚氛围。今天，联想已是全球第二大PC厂商。有人评价，一个伟大的企业，必须解决好三大任务，那就是国际化、产权明确、代际传递。中国约有2000万家企业，真正解决好这三大难题的，联想算一个，也可能是唯一一个。

"我只在成功的时候离开。"在联想最好的时候，柳传志宣布卸任董事会主席一职。柳传志在卸任演讲中，将联想比喻为自己的女儿。他说："朋友嫁女，把女儿的手递到新郎手里时，哭得稀里哗啦；我嫁女儿的时候，看到女婿这么优秀，高兴得不行。"

这不是柳传志第一次卸任。他了解该何时退出权力中心，如何激发年轻人的梦想，如何知人善用。这比他创造公司利润的能力更让人钦佩。

早在2000年的新财年誓师大会上，他便把"联想电脑公司""联想神州数码公司"两面大旗交到了杨元庆和郭为的手中。前者是销售奇才，后者是"人类失去联想，世界将会怎样"这句著名广告词的创作者。

2004年12月，联想集团拟用12.5亿美元收购IBM PC业务，这一举动遭到所有股东的全票反对，但杨元庆和柳传志却认死理。之后，联想集团在五洲大酒店宣布这一消息，全球IT业震惊。同一天，杨元庆出任联想董事长。

轰轰烈烈的"蛇吞象"之后，是一段漫长的消化期。不幸的是，2008年，金融危机席卷全球，联想的业绩遭遇沉重打击，深陷泥潭。本来已经开始潜心钻研投资控股业务的柳传志带着那句"联想就是我的命"，重新出山，扛起了联想集团的大旗。那时的他曾说："我只在成功的时候离开联想，不可能在失败的时候离开联想。失败就接着做，做到成功为止。"三年后，柳传志把"卸任会"放在与公司季度业绩报告同时进行，这是在告诉大家，他已经圆满完成任务，兑现承诺。

20多年来追随柳传志的杨元庆，被柳传志形容为"一匹非常执拗的马"。翻看过往履历，不得不承认，杨元庆是一位难得的优秀人才。

1988年，杨元庆作为一名低级销售员进入联想公司；1994年，他成为风雨飘摇中的联想PC部负责人，1997年，联想取代IBM成为中国PC市场的领导者，2000年，这位销售奇才带领联想勇夺亚洲销量第一，连续五个季度蝉联中国市场第一；2001年4月在一场喧闹多年的接班人之争后，他成为联想核心业务的继承者，2004年出任联想集团董事长；2009年，柳传志重返董事长职位，他回归 CEO。

现在的杨元庆领导着全球第二大 PC 制造商。作为没有家族的家族企业，杨元庆已经是联想集团第一大自然人股东，他以超过 8% 的股份，在联想集团的董事会和管理团队中拥有绝对话语权。联想收购 IBM PC 后，他更被视作新一代中国商业领袖代言人，被期望肩负着缔造中国第一代世界级企业的重任。而在各种信息产业论坛中，他总以重量级嘉宾的身份出场，被认为是中国步入信息社会的重要推动者。

在柳传志的卸任会上，杨元庆，这个曾经被认为"腼腆""说话有点口吃"的中年人，站在就职演讲台上，朝他右侧的柳传志微微鞠了一个躬。他的发言始终围绕着柳传志，通篇强调和肯定了柳传志的能力与影响以及对公司的贡献。到最后，他终于说到"我"的时候，是他对 1994 年的回忆——当他打算出国深造时，柳传志扛起中国品牌大旗的雄心壮志激励了他，最终让他下定决心留下，担任微机事业部负责人。

5 分钟的演讲结束，柳传志伸出手来，称杨元庆是他生命的一部分。

一周后，联想集团新任董事长杨元庆携联想最高执行委员会（LEC）全体成员与媒体沟通。这次，杨元庆是主角。

1988 年，中国科技大学硕士毕业的杨元庆，第二年便进入联想，从此他的成长步伐与联想同步。联想的每一次危难时刻也都是他经历的人生低谷，他的成长轨迹和联想一样，从一个本土、内敛的理科学生，走向一个颇具国际范儿的企业领袖。

柳传志和杨元庆身上的一些特质，是否反映出中国两代企业家的时代共性？财经作家张小平是这样评价的：柳传志智慧、风趣，虽至暮年仍然富有壮志，具有这一代中国企业家所普遍具有的强烈的产业报国情怀。杨元庆同样坚毅，比如他在联想国际化方面的坚持。另外，相比慎重的柳传志而言，杨元庆更加大胆和有冲劲。

作为联想的第二代领导人，杨元庆在继承联想精神、巩固联想根基之后，于十年前开始肩负起从一家中国公司向全球性公司转型的责任，最终成就了源自中国的新一代国际化公司的形象。未来，如何从传统 PC 行业向移动互联网转型，对年轻的联想集团高管团队来说，是一个巨大的挑战。

除了狭义的接班人问题，还有更广义的接班人问题。在中国的创新创业大军中，80 后甚至 90 后已经开始崭露头角。在 2013 年 3 月初《福布斯》发布的"中国 30 位 30 岁以下创业者"榜单中，30 位创业者的平均年龄为 27.1 岁。其中，年龄最小的只有 20 岁，年龄最大的为 29 岁。

从行业分布来看，2013 年我国青年创业者创业活动主要集中在互联网行业，8 名创业者凭借该领域的创新成果成功上榜。此外，电子商务、科技和媒体三大领域的创新活动也相对活跃，共有 14 名青年创业者入选榜单，几乎占据了排行榜的半壁江山。

目前中关村所有创业者中，34 岁以下的比例占到 33%。在电子信息领域，有 1/3 的创业者年龄在 30 岁以下。

陈伟星，杭州泛城科技有限公司掌门人。出生在绍兴上虞一户普通人家，儿时母亲过世，父亲是农民。18 岁那年，他选择了北京化工大学。10 年前，正是纳米狂热的年代，学纳米技术，造出拥有特异功能的新材料，是陈伟星读大学的动力。按部就班的课程，云里雾里的纳米，使得陈伟星对大一的日子感到失望，他做出一个大胆的选择——退学，毫不犹豫地放弃了一所211高校。

复读一年，他轻松考上浙江大学，读了土木工程专业。他说："学透它们，再设法把科技成果化作财富。"

大学三年级时，他终于找到自己的创业方向，创办杭州泛城科技有限公司，依靠时下年轻人创业最常涉足的IT业赚钱。不管是做寻呼软件，还是做程序引擎，或是开发游戏，他都以技术骨干身份参与其中，当被问及"IT技术从哪里学来的"，陈伟星一脸不屑。他的一项程序引擎研发项目，还进入国家级的科技扶持计划。他的潜台词是："只要想学，有什么能难倒我？"

在2007年的夏天，一群小伙子每人每月只有不到500元的花销，7个大学生，或是同乡，或是同学，凑了17万元，开了一家又做老板又做员工的小公司。他们要做的是在一份杭州地图上，把餐馆、酒店、洗衣店、眼镜店等商户标注出来，附上简介，用户对哪家商户感兴趣，想预订服务或商品，点击商户图标，软件就拨出商户的热线电话。所有的一切，消费者不需要花一分钱，电话费用由商户承担，寻呼平台的盈利也来自商户缴纳的服务费。但是，判断失准，项目失败，陈伟星团队为此付出代价，7个人最终只留下2个。

命运给了陈伟星东山再起的机会，他成功游说了朋友父亲的朋友，拿到了120万元的天使投资——这是位不差钱的房地产商，手头大笔钱想继续生财，苦于没有好项目。

陈伟星在研发一个游戏引擎，国家对于大学生科技创新项目的80万元扶持经费也拨了下来，陈伟星感叹了一句"真是救命钱"，于是搭建起一支十多个人的小团队，从头再来。

2008年，陈伟星朝着大型网页游戏的路迈进了。一年的搏命研发，200多万元的投入，一款名为《魔力学堂》的游戏吸引了5000多万玩家，他创造的财富累计超过1个亿。

陈伟星说："美国硅谷的80后甚至85后已经撑起了新经济的蓝天，我们为什么不能？我怎会甘于庸碌？打破常规的束缚是我神圣的权利，只要我能做到。赐予我机会和挑战吧，安稳与舒适并不使我心驰神往。"

崔嘉齐，郑州嘉利福餐饮企业管理有限公司总经理。他从最初的店面做起，有两年创业经历，在扎实的实地考察及市场研究基础上，研发出了自己的产品，广受消费者喜爱，后创立品牌蜜嘉，于2012年9月成功注册嘉利福餐饮企业管理咨询有限公司。公司是以蜜嘉茶饮、甜点为主，以张氏香香小吃店面经营、老街口香煎豆腐、福世嘉香饼等餐车经营为一体的综合性餐饮经营技术培训机构。其在河南有6家连锁饮品加盟店、1家甜点加盟店，还有很多流动餐车加盟经营点。在开封、许昌、周口等地也有饮品奶茶加盟店，这个刚起步的创业公司目前已经把市场做到了整个河南。

崔嘉齐认为："不要对创业这个名词感兴趣，不要对创业后的成功感兴趣，盯住自己要做的事情，只要有想法就大胆去做。一步一个脚印，失败越多经验就会越多，成功的概率自然就会越大。我没有什么不同，只是比同龄人先走了一步而已，即使是这样我所走过的路也是不能复制的，每个人都有各自的特点。"

正是这些优秀的创业者，揣着不悔的创业梦一路向前，他们是祖国的未来。

我们欣喜地发现一大批"创二代"的新生力量正在茁壮成长。更让我们高兴的是，80后、90后的年轻创业者也加入到改革中来。他们用自己的思维方式、自己的做事风格诠释着自己的中国梦。

行文至此，相信大家对中国企业家的曲折和辉煌历程都会有一个基本的了解。回首历史，是为了创造新的历史。

今天，习主席为我们描绘了一张实现中华民族伟大复兴的美好蓝图。他说："展望未来，我们充满信心。"

是的，这不是梦，不是海市蜃楼。心有多大，舞台就有多大。

2013年4月8日，受香港中文大学之邀，星云大师来到香港，以"人文关怀"为题与中大校长沈祖尧和一众学生对话。

星云大师出生于中国大陆，立足于台湾地区，弘法于世界，先后创建以"人间佛教"为宗风的佛光山，以及遍布百余国家和地区的国际佛光会。回望这些成就，他谦虚淡然，称自己是"平凡的平常人"。

"我出身穷苦乡村家庭，没进过正式学校，但人生接下去的岁月不能浪费。纵然世界不公，但我能够接受，有力量接受，这令我变得更强。"

"我是个中国人，是个和尚，那就要把和尚做好，把中国人做好。"星云大师在此间详尽阐述了他的人文教育理念。他说，人为我，有"我"这个概念就有干戈，人文教育就是为去除私心、去除我执，最终使人自度度人、自利利人、自觉觉他。

"中国梦是什么？中国地方这么大、人这么多，怎么合作？"86岁的台湾高僧、佛光山开山宗长星云大师举起一只手，边比画边说："手掌团结起来成为拳头，成为一股力量，这就是中国梦。"

有太多的企业家用他们的成功与教训，为我们搭起了一条通向梦想的彩虹桥。在这里请让我再一次借用星云大师的那句话——"团结起来就是中国梦。"

只要我们团结起来，坚定信念，我们的天就会更蓝，水就会更清，我们的祖国就会更加繁荣昌盛。这就是我们的中国梦，这就是梦的力量！

后 记

感谢大家把这本书读完，如果你是用心去体验，用心去进入了，我相信这本书或多或少会对你有所启发。

我不知道在本书前言中所提到的"三个目的"能不能够达到，但是我希望它能够达到。大家还记得那"三个目的"吗？如果你正怀揣着创业梦想，但是你一直不敢行动，我希望你看到这本书以后，马上去行动；如果你是一个正在创业的人，但是你现在已经没有激情了，因为创业很辛苦，真的很难，我希望你能够找回你开始创业时的激情，能够为这个国家，为这个民族，做出一个中国自己的民族品牌；如果你是一个奸商，我希望你看完这本书以后能够洗心革面，不要再做伤害人、伤害我们这个国家、伤害我们这个民族、伤害我们下一代的事。央视曾经有个报道，中国得白血病的儿童，有很多是因为家里面在半年前装修过，或者是买过新家具。也就是说装修材料、建筑材料甲醛、苯等都超标……

此外，在这里要送给广大读者一句话，这也是我在课程中经常对我的学员们讲的一句话：人生最害怕的不是做错决定，而是不敢做决定，决定没有对与错，这个决定今天是错的，明天也许就是对的。

只要你们今天看完这本书给自己做一个决定，不管是什么决定，可能你到最后输了，或许你的公司比以前更差了，但是一句话，只要你去做了，今天这个错误也许就造就了明天你的成功。

因此，在本书结尾的时候，我要对大家说两个字：决定。希望大家能够看完这本书以后给自己做一个决定，能够为实现我们伟大的中国梦献出一分力量，能够在你的岗位做好你现在做的事情，能够拥有并保持激情去做这件事情，为实现中国梦献出一分力量。

我的梦想是在全中国661个地级市捐助新思想"财商"希望小学，让我们的孩子从小接触"财商"教育。这是我的梦想，也是我的中国梦。那么，你的中国梦是什么呢？倘若看完这本书，你能生发出你的中国梦，那么，这本书就有价值，就有意义。

周文强

2016年6月29日

图书在版编目（CIP）数据

中国梦 / 周文强著. — 北京：华夏出版社，2017.1（2017.10重印）
ISBN 978-7-5080-8979-9

Ⅰ.①中… Ⅱ.①周… Ⅲ.①社会主义建设模式 – 研究 – 中国Ⅳ.①D616

中国版本图书馆CIP数据核字(2016)第233607号

中国梦

作　　者	周文强
责任编辑	王占刚　王秋实

出版发行	华夏出版社
经　　销	新华书店
印　　刷	三河市少明印务有限公司
装　　订	三河市少明印务有限公司
版　　次	2017年1月北京第1版　2017年10月北京第2次印刷
开　　本	720×1030　1/16 开
印　　张	15
字　　数	150 千字
定　　价	36.00 元

华夏出版社　网址:www.hxph.com.cn 地址：北京市东直门外香河园北里4号 邮编：100028
若发现本版图书有印装质量问题，请与我社营销中心联系调换。电话：（010）64663331（转）

迅鹰，最具影响力的企业出版与文创品牌

迅鹰是谁

向鹰学习高效、精准、务实的精神。八年来，迅鹰出版了一批企业案例和企业家经营思想的图书，成功构建了新的商业案例、经营模式、行业研究的经管图书出版体系与文创传播体系。

个性化策划

迅鹰从企业文创层面入手，挖掘每一个企业独到的成功、成长之道，针对不同行业、领域、现状的企业策划个性化企业出版与文创服务。迅鹰认为，一本书，不仅是一座陈列馆，不仅是一段创业的感悟。出书，更是一个深度醒觉与重新上路的过程。

迅鹰团队

十四年文创、媒体、出版行业实操经验，八年连续创业者。

全流程

迅鹰提供全流程的企业出版服务，您只需告诉我你想要达成什么？其他的一切，交给我们。

媒体推广

不少于1000家媒体全面覆盖。

扫一扫，联系我！